世界一わかりやすい

教える技術

向後千春［著］

JN026697

技術評論社

はじめに

この本は、仕事のなかで何かを教えなければいけないという人のために書きました。もしかすると「私には特に何かを教えることはありません」と思っていませんか？

いいえ、必ずあるはずです。新人が入ってくれば、すぐに仕事の知識を教えなければなりません。部下や後輩には、計画の立案や仕事の段取りを教えていかなければなりません。このように、仕事のなかで教える機会はたくさんあります。

新人だった自分が成長できたのは、うまく教えてくれる先輩や上司がいたからです。今度はあなたが教える番です。

しかし、うまく教えるためには「教える技術」が必要です。

私たちは、学校や会社などさまざまな場面で、いろいろなことを教えられてきました。九九から文章の書き方まで、たくさんのことを教えてもらってきたのです。

しかし、不思議なことに、自分が誰かに教えるための方法である「教える技術」については、教えてもらえませんでした。

あなただけでなく、世の中の大部分の人は「教える技術」を学んでいません。だから、私たちが誰かに何かを教えてもらうときに、その教え方がヘタなためにうまく学べないことが多いのです。

そんなときでも、その責任はたいてい学ぶ側に押しつけられます。たとえば「真剣にやっていないからだ」「学ぶ努力が足りないからだ」などと言われてしまうのです。果ては、教える側に「頑張れば、誰でもできるようになるはず！」とまで言われます。

頑張ればできるのであれば、教える人などいらないではないですか？　できるようにならない本当の原因は、その人の教え方がヘタなだけだというのに！

この本では、あなたに「教える技術」を身につけられるようにお教えします。「教える技術」が身につくと、仕事が驚くほど楽しくなること、うけあいです。

さあ、始めてみましょう。

CONTENTS

第1章 「教えること」を学ぶ前に知っておきたいこと

第2章

「教える」ってどういうこと？

第3章

押さえておきたい「教える」の基本
～運動スキルの教え方～

第4章

学ぶ人を納得させる教え方
～認知スキルの教え方～

第5章

相手に理想的な態度を教えたいときは？

～態度スキルの教え方～

第6章

教えることであなた自身が成長する

※本書は、永岡書店から発刊された『世界一わかりやすい教える技術』を、装いもあらたに復刊したものです。

マンガの登場人物

小林大輔（33歳）
入社11年目で販売促進部係長に昇進。バリバリの体育会系男子。初めて部下を持ち、教える難しさを知る。

宮坂麻衣（41歳）
販売促進部課長。姉御肌で優しく的確に部下を導く。大学時代に向後研究室でインストラクショナルデザインを学び、今も研究室に出入りする。

橋本翔太（24歳）
入社2年目。販売促進部所属。人前に立つと緊張してあがってしまう。第4章で登場。

大島萌（22歳）
入社半年。営業部所属。言われたこと以外は積極的に関わらないマイペースな性格。第5章で登場。

向後千春（「教えること」を教える専門家）
本書の著者。早稲田大学教授。インストラクショナルデザインを専門とする。教え子に愛されるキャラ。

教え方には技術がある

小林大輔（33）
太陽製菓株式会社
販売促進部
係長昇進
役職
俺もいよいよ係長かぁ〜
えっへん
係長 小林 大輔
小林係長
初めて持った部下にも
なめられないようにしなきゃな

おいっ 何だこの資料は！
おまえはコピーもろくにできないのか！
文字がにじんでるぞ
コピー機の調子がおかしいみたいで…
言い訳するなっ!!
すみません 取り引き先の山口さんから連絡があったこと伝え忘れていました
バカヤロウ!!
そういうことはすぐ言え！
報《ほう》連《れん》相《そう》は基本だろっ
若いうちは休憩時間を惜しんで働くもんだろ
おまえには野心がないのか！
カッ
ヒッ
気合いだっ
気合い！

あれだけ怒鳴られたらマジやる気なくすわー
小林係長は体育会系ですからね
暑苦しい…
今どき熱血でこられてもですよね…
気合いでバリバリ仕事できるのはあの人だけだっつーの
入社2年目
入社1年目
入社3年目
はぁ〜〜…
ツイてないなーあの上司の下なんて…
がっつり聞いてます
降格しないかな
部署異動のほうがいいよ
誰かパワハラで訴えれば?
小林君
大丈夫?
ポキッ
ふんっ

聞いてください課長おおお〜〜〜
宮坂麻衣（41）
販売促進部　課長
部下の育成に手こずってるみたいね
まだ仕事なんて何もできない奴らが上司をディスるってどういう神経なんですかっ
僕が新人の頃はこの身を捧げるがごとく何でも上司に従ってきましたよ！
そうね小林君は熱心だから私もうれしかったわ
でしょ!?
僕は課長に怒鳴られたことなんて一度もないですよ
うん　でも小林君にも失敗やミスはいっぱいあったけど
発注ミス覚えてる？
ギャー
うっ……
確かに

それに対して私があえて怒鳴らなかっただけよ
あのね…
〝教え方〟には技術があるの
じつは私大学のときにインストラクショナルデザインという教えることを学ぶ研究をしてたの
えっ
そうなんですか!?
課長っていつも優しく導いてくれる姉御って感じで元々そういうキャラなんだと思ってました
ううん全然〜〜
むしろバッサバッサいくほうかも〜
確かに…もし課長に怒鳴られていたら
こんなふうに一緒に飲むこともなく課長を嫌ったかもしれない課長への不満で仕事のやる気もなくしてたかも
そ…
そんな技術があるなら僕も知りたいですっ

大学でインストラクショナルデザインを教えている
向後先生よ
早稲田大学
やぁきたね
「教えること」を教える専門家
早稲田大学教授
向後千春
話は宮坂君から聞いてるよ
君が〝教え方〟について知りたいっていう小林君？
今どき珍しいくらい熱血漢です
ちょっと課長〜〜
教えても全然わかってもらえない？
はいそうです
僕は部下をビシッと指導してるつもりなんですが…
ビシッと指導してそれで成果はあった？
いいえ全然！まったく誰もわかってくれません
なぜだろうね？

それは
部下の
覚えの悪さや
やる気のなさ
仕事に取り組む
姿勢が甘いから
じゃないかと…
うん
教えても
わかって
もらえないと
わからないほうが
悪いと思って
しまうよね
でも
実は——
教える側の
技術不足
なんだよ
え!?
ほら学校の
先生でも
教え方の
上手な先生と
下手な先生って
いたでしょ?
教え方の
上手な先生に
教えてもらうと
やる気も出て
成績も伸びた
なんて経験
ない?
確かに…

でも僕も学生時代はずっと運動部で後輩を率いて優勝したりしたんですけどね
後輩指導はちょっと自信があったんです
気合いだー
おーっ
うん
教えると言ってもスポーツを教えるなど身体を使って教える場合もあれば
頭を使って仕事のやり方を教えたり
モチベーションを保つなど好ましい態度を教える場合もある
これらは最終的な行動のゴールが違うから
カチャ カチャ
それぞれに適した教え方というのがあるんだ
勢いだけでなんでもやってました
気合いだ!!
ファイヤー!!
〝教える技術〟を学べば相手もやる気になってくれて結果も出せるようになるから人間関係も驚くほど良くなるのよ
ねっ 先生!
ウン ウン
〝教える技術〟をぜひ僕にも学ばせてください!!

第 1 章

「教えること」を学ぶ前に知っておきたいこと

「教える」というと“先生”と名のつく人のことを思い浮かべますが、じつは誰もが日常で「教えること」をしています。そこで、教える前の心がまえをお伝えします。

教え方がうまい人とはどんな人なのか？

あなたは、人に教えるのが得意ですか？

それとも、苦手ですか？

おそらく、「自分は教え方がうまい！」と自信をもって言える人は、そうはいないでしょう。

では、教え方がうまい人とは、どんな人でしょうか？

教え方がうまい人は、自分で気づくというよりも周りから高く評価されていることが多いようです。たとえば、

「鈴木さんって、新入社員を育てるのが上手だよね。叱っているところを見たことがないし、うまくやる気を出させているんだね。新入社員たちもイキイキしているよ」

と社内でもっぱらの評判だったり、

「今日の研修講師の尾藤さんの話、良かったよね。いつもは眠気をこらえるので必死なのに、今日はおもしろくてつい聞き入っちゃったよ」

と教えられる側の人たちからいい感想が聞こえてきたり、

「田中先生に教えてもらうようになってから、みんな書道の腕が上がったよね。こんなに書道が楽しいものだったなんて、初めて味わう気分だよ」

と趣味で通う教室の生徒たちの間から称賛する声があがったり……。

こんなふうに、教え方が上手になると、みんなの人気者になるので、好印象をもたれることが多くなります。教えられる側は、教えられる前からいいイメージを持って迎えられるので、たいていのことは好意的かつ、スムーズに進み、結果、みんなのモチベーションをアップさせることができるのです。

この本を読んで、あなたもぜひ、その一人になってください！

まとめ

▼教え方が上手になると、好印象で迎えられる

教え方がヘタな人はこんな人

では、教え方がヘタな人ってどんな人でしょうか？

教え方がヘタな人は、教え方が上手な人の真逆で、周りから不評を買ったり、悪印象をもたれたりしています。

たとえば、こんな感じです。

「中村係長って、俺たち新入社員に教えるときはいつも偉そうで、ちょっとでもミスすると不機嫌になるんだよな。まだ仕事をよく理解できていないのに、いきなり難しい案件を渡されてどうしたらいいんだよ。あぁ〜、会社に行くのが憂鬱《ゆううつ》だよ」

ともっぱらの悪評だったり、

「山田先輩って、私たちに一生懸命仕事を教えようとしてくれるのはわかるんだけど、結局、どうすればいいのかいまいちよくわからないんだよね」

と後輩の間で不評だったり、

「岸田課長って、最近イライラしてない？ 昨日、仕事でわからないところがあったからミスしないように聞きにいったんだけど、『なんでそんなこともわからないんだ!!』って、すごい剣幕で怒られた。こんなんだったら、聞きにいかなきゃよかったよ」

と、同僚同士でヒソヒソ話をしていたり……。

こんな調子ですから、教え方がヘタな人には誰もついていこうとしなくなるし、みんなのモチベーションも下がってしまうのです。

さぁ、あなたは周りからどんな評価を得ているでしょうか？

気になった方は、同僚や友人、家族に「私の教え方って、どう思う？」と聞いてみてください。

それでだいたいの感じがわかります。

まとめ

教え方が上手かヘタかを知りたければ、周りに聞いてみよう

〝先生〟と名のつく人が教え方のプロとは限らない

さて、周りはあなたのことをどう評していましたか？

「やっぱり、私って教え方がヘタなんだ……」と落ち込む必要はありません。きっと、たいていの方が残念な返答をもらっているはずですから。

なぜ、うまく教えられないのかと言えば、教えるための方法である「教える技術」を教えてもらったことがないからです。教える技術は自然に身につくものではありませんから、自分で意識をして訓練する必要があります。

では、教えることを商売にしている学校の先生や塾の先生など、〝先生〟と名のつく人たちは、教える技術を身につけているのでしょうか？

いやいや、みなさんもよくご存じの通り、教え方が上手で人気のある先生もいれば、教え方がヘタで目も当てられない先生もいます。

先生という仕事をしていれば、生徒に教えるための「虎の巻」がありますから、教える内容についてはよく知っているはずです。それに従って教えていれば大きな差が出るはずはないのですが、実際は大きく評価が分かれます。

ここからわかることは、**上手に教えるためには、教える内容に加えて「教える技術」を身につけないと、相手に効果的に伝えることができない**ということです。

私たちは、自分がすでに知っていることやできることなら、他人に教えることは簡単だと思いがちですが、実際はうまく教えられません。知識や伝えたいことがあるのに、それをうまく教えられないなんて、とてももったいないことですよね。

だからこそ、教える技術をしっかり習得する必要があるのです。

まとめ

▼ **教える技術は、訓練しなければ身につかない**

教える場面はいくらでもある！

あなたが誰かに何かを教える場面は、日常のなかにたくさんあります。

営業から違う部署へ異動となれば、新しい担当者に引き継ぐために、取引先とのやりとりや、気をつける点などを教えなければならないでしょう。まったく営業経験のない人に教えるとなれば、取引先に失礼がないように一から丁寧に教えなければなりません。あるときは、新入社員にパソコンソフトを使って、データの入力方法や資料、企画書作りなどを教えることもあるかもしれません。エクセルでグラフを作ったり、パワーポイントでプレゼンテーション資料を作れるようになるには時間がかかりますが、それを辛抱強く見守りながら教えることはできるでしょうか？

また、新人のアルバイトさんにレジの打ち方を教えることもあるかもしれません。自分はレジ打ちをマスターしているからといって、傲慢《ごうまん》な態度で教えたらすぐに嫌われてしまうでしょう。いい人間関係を築きながら教えるには、ひと工夫する必要があります。

他にも、機械など触ったことのないおばあちゃんに携帯の使い方を教えることもあるかもしれません。複雑な携帯の機能をなかなか理解できないおばあちゃんに教えるには、ちょっとしたコツが必要です。

こうして考えてみると、**私たちは日常生活のなかで、教えるという場面を多々経験し、教えるという行動にけっこう長い時間をかけている**ものなのです。

それにもかかわらず、今自分が〝誰かに教えている〟ということを意識しないまま、やみくもに教えている人のほうが多いのではないでしょうか？

教える技術があれば、的確に理解しやすく教えることができるので、教えられた人もあなたに感謝するでしょう。教える技術は、時間を効率的に活用できるようになるだけでなく、教える側と教えられる側の良好な人間関係を築く上でも有効なのです。

まとめ

教える技術は、良好な人間関係を築く

誰でも教え方のプロになれる！

では、教える技術とは、何でしょうか？　それを明かしていくのがこの本です。

繰り返しますが、誰かに何かを教える場面は日常生活や仕事のなかにたくさんあるにもかかわらず、「教え方」は学校では習いませんでした。

国語、数学、物理、化学、地理、歴史、英語、心理学、国際政治学、経済学……さまざまな科目があるのに、どこを探しても「教え方学」という科目はなかったのです。

私たちが生きていく上で、仕事をしていく上で、必ず必要となる内容であるにもかかわらず、教わることがなかったので、いざ他の人に教える場面になると、うまく教えられずに困ってしまうのです。

でも、安心してください！　教え方の技術を学べば、誰でも教え方のプロになれます。

じつは、私が今、大学で教えているのが、うまく教えるための技術と科学を扱う「インストラクショナルデザイン」という学問です。この学問を学び、教える技術を習得した学生たちは、みな自信をもって社会に羽ばたいていきます。

私たちは必ず年をとって老いていきますから、どんなことも、自分よりも年下の人や経験のない人たちに教え、継承していかなければ社会は回っていきません。

仕事であれば後輩や弟子を育て上げ、自分のやってきたことを引き継いでもらう、子育てであれば、子どもに社会のルールを教えて自立できるようになってもらう……。**すべての人が「教える技術」を学べば、この社会はもっともっと良くなることでしょう。**

次の章からは、教える技術について具体的な方法をお話ししていきます。ぜひ、ひとつひとつ〝教える〟ということがどういうことなのかを知り、上手に教える技術を学んで、社会で活かしてみてください。毎日が充実し、楽しくなることでしょう。

まとめ

▼ **教える技術は、社会を明るくする**

コラム

仕事も人間関係も軽快に変わる

教える技術を学ぶと良好な人間関係を築くことができると言いましたが、それは無駄なエネルギーを使わなくて済むようになるからです。

冒頭のマンガに登場する小林係長は、典型的な体育会系の上司です。体育会系なので、部下を厳しく指導すれば結果が出せると思っていますが、人間とは自分を受け入れてもらってはじめて相手に心を開く生き物です。ですから、上から押し付けられる指導では、心を開いて素直に聞き入れてもらうことができません。

教える技術は、相手を尊重する手法なので、こちらの言うことを相手に聞き入れてもらいやすくなります。また、教える側と教えられる側との間に信頼関係が結ばれるのでヘンな緊張がなくなり、とても楽な関係性を保つことができるようになります。

教える技術を学ぶと、あらゆることがスムーズに進むようになるでしょう。エネルギーのムダづかいがなくなるので、あなた自身、もっとやりたいことに力を注げるようになるはずです。

第2章

「教える」って
どういうこと？

「教える」とはどういうことかご存じでしょうか？　「教える」の本当の意味を知ることで、「教える」のイメージが180度がらりと変わるはずです。

熱意があれば相手に伝わるなんて大ウソ

教え方が上手な先生の代表として、「3年B組金八先生」のような熱血先生を思い浮かべる人も多いでしょう。

たしかに、熱意は人の心を動かします。しかし、だからといって熱意を込めればうまく教えられるかというと、そうではありません。熱意を込めても、あっさりしていても、教え方のうまい人もいれば、そうでない人もいます。

ときどき、教え方がヘタなことを穴埋めするために、熱意でカバーしようとする人もいますが、これでは教えられる人をかえって混乱させてしまうだけです。

たとえば、「頑張ればできる！　自分を信じろ！」といくら言われても、どう頑張ればいいのかがわからないと空回りしてしまいます。

誰だって頑張りたいし、一生懸命やりたいと思っているのですから、**「どう頑張れば**

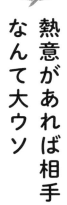

いいのか」「どう一生懸命やればいいのか」を具体的に指示してあげることが、教える人の仕事です。

教えられる人が、具体的に指示されたことをやってその結果うまくいけば、教える人と教えられる人の間の信頼関係も徐々にできていきます。

「この人についていけばうまくいく！」と教えられる人が思い、「この人は私を信じてくれて、私の指示した通りにやろうとしてくれている！」と教える人が確信したときに、二人の間に確固たる信頼関係が築かれるのです。

信頼関係はけっして「頑張ればできる！」という熱意だけで、成立するものではありません。

だからこそ、教える技術が必要になるのです。

まとめ

▼ **熱意だけでは、うまく教えることはできない**

「教えたつもり」は自己満足

よく「教えたつもり」になっている人もいます。教科書通りのことをしゃべって、それで満足している人のことです。しかし、それでは「教えたこと」にはなりません。そもそも、マニュアルの通りに教えるのであれば、教える人は必要ありません。教える相手に教科書やマニュアルを丁寧に読んでもらえば、それで事足りてしまうからです。

では、教科書やマニュアルを読むだけでは、なぜ不十分なのでしょうか?

それは、**相手のレベルや理解度などに合わせて、教え方や教える内容を変える必要があるから**です。教えるためには常に相手がいるわけですから、その相手に合わせて教え方や教える内容を変えなくてはなりません。そこに教える側の醍醐味《だいごみ》もあるのです。

しかし、実際はというと、教える人は相手に合わせることよりも、自分の教えたいことを一方的に伝えるような教え方をすることが多いのです。

教える人は「教えたつもり」になっていますが、これでは、教えられる人は自分の学びたいことが学べず、よく理解できないまま時間を費やしてしまうだけでしょう。

他にも、よくありがちな場面として、「これは前に教えたはずだ。何回言えばわかるんだ？」とつい言ってしまうことがあります。上司であれば部下に、先生であれば生徒に、親であれば子に、教えたことを理解してくれていないことに対して、相手を責める発言をしてしまいがち。

しかし、相手ができるようになっていなければ、教えた人は「教えたつもり」になっているだけです。ですから、正確には「これは前に教えたつもりだったけれど、学んでいなかったのですね」と言わなければなりません。そして、自分が「教えたつもり」だったことを反省しなければ、永遠に教え方上手にはなれません。厳しいようですが、すべては、教えられる側が理解できたかどうかにかかっているのです。

まとめ

▼ **相手が学んでいなければ、教えたことにはならない**

「教えた」と言える状態とは？

では、いったいどういう状況であれば、「教えたつもり」ではなく「教えた」と言えるのでしょうか？

それには、相手を見る必要があります。教えた結果、相手が今までできなかったことができるようになっていたら、「教えた」と言っていいでしょう。

教える人が、熱意を持っていようがいまいが、丁寧だろうが荒っぽいものであろうが関係ありません。相手が〝どれだけできるようになったか〟だけが重要なのです。

これを、ちょっと難しい用語で**「学習者検証の原則」**と呼びます。**相手にきちんと教えられたかどうかを検証するためには学習者を見なさい、という意味**です。

教えられた人がきちんと理解ができて、できなかったことができるようになっていたら、初めて「教えた！」と宣言していいでしょう。もし、教えられる人ができるようになっていなかったら、「教えたつもり」になっているだけのことです。

教えたつもりの人が熱意を振りかざすのは、本当に迷惑です。

しかし、教えたつもりの人は、自分はいいことをしていると考えていますから、そう考えている人に「よくわかりません！」と指摘することは、普通の人にはなかなかできないですよね。それに、教えてもらうほうは立場が弱いと思いがちなので、どちらかというと、教え方が悪いからできなかったと考えるよりは、「できないのは自分のせいだ」と思いこんでしまう傾向があります。

だからこそ教える立場の人は、「教えたつもり」になっていないかどうか自分の教え方を厳しくチェックし、もし教えられる人ができるようになっていなければ「教える側の責任だ」と考えなければなりません。

まとめ

▼相手のできないことができるようになったとき、「教えた」と言える

「教えたのにできない」のは100%教える人の責任

教えられる人が今までできなかったことができるようになっていなければ「教えた」とは言えないというと、「教えられる側にやる気がなかったら、いくら一生懸命教えてもいい結果は出ないのではないでしょうか？」と反論されることがよくあります。

たしかに、そう思いたくなる気持ちはわかります。これまでは、教えられる人が学ばないのは本人の責任であると考えていたからです。

「まじめにやらなかったから理解できないだけだ」

「サボっていたからじゃないか」

「そもそもやる気がなかったんじゃない？」など。

あれこれ理由をつけて、すべては教えられる人に責任を押しつけてきたのです。その結果、教える人の責任は問われませんでした。

ひょっとしたら、教えられる人はまじめに真剣に学んでいたのに、教える人の技術不足で学べなかったのかもしれません。それでも、〝教える人に非がある〟という可能性は最初から否定されてきたのです。

ところが、教えられる人が学んでいなければ、教える人は「教えた」とは言えないという「学習者検証の原則」（P36）をひとたび受け入れると、まったく新しい世界が開けます。それは、**教えられてもいい結果を出せないのは、教えられる側の責任ではなく教える人の責任である、**という新しい見方です。

教えられる人にやる気がないなら、やる気を起こさせるところから教える人の責任範囲になります。つまり、結果が思わしくないのは、教える人の技術不足のせい。

教える人の責任は重大です！

まとめ

▼ **教えられる人にやる気がないなら、やる気を起こさせるのも教える人の仕事**

教えることはコミュニケーションのひとつ

前にも話したとおり、「教える」という作業は一人では成り立ちません。必ず教える相手が存在します。つまり、二人以上の間で行われるやりとりですから、コミュニケーションのひとつと言えるでしょう。普段から、誰かとコミュニケーションをとるのが苦手……という人は、きっと教えることも苦手なはずです。

では、コミュニケーションが上手な人は、どんな方法で相手の心をつかんでいるのでしょうか？　じつは、次にあげる1→2→3の順で会話の流れを作っています。

1　相手の話をよく聞いて、話の流れをつかむ

コミュニケーションがうまい人は、相手の話に耳を傾けてよく聞ける人です。相手の

関心がどの方向に向いているかを理解して、話の流れをつかみます。

2 話の流れに沿って自分の話題を提供する

最初から自分の話をするのではなく、相手の話の流れをつかんだ上で、自分の話題をタイミングよく提供します。

3 自分のことばかり話さず、相手にも話の順番を回す

自分の話題を提供したら、相手にも話す機会を与えます。自分ばかり時間を独り占めするのではなく、会話のキャッチボールをすることで、より豊かなコミュニケーションを築いていきます。

このコミュニケーション上手な人が実践している1→2→3の循環は、教えることと密接な関係があることを、次に紹介します。

まとめ

コミュニケーションをとるのが上手な人は、教えることも上手

教え方が上手になるとコミュニケーション力が上がる

前項であげた1→2→3の循環は、教え方が上手な人が実践していることと見事に対応しています。では、どう対応しているのかを見ていきましょう。

1　教える相手をよく観察して相手の状況をつかむ

教え方が上手な人は、教える内容について相手はどれくらい知っているのか、どれくらい重要だと思っているのかなどを観察して事前に把握し、何をどう教えればいいのかイメージを持つことができます。観察するだけでなく、直接話ができれば、より詳しい状況を知ることができます。

2　相手の状況に沿って、ちょうど良い知識を提供できる

相手の状況をつかんだら、それに沿ってちょうど良い知識を提供します。あまりにも難しい知識を提供すると、相手はあきらめて投げ出してしまいますし、やさしすぎる知識では退屈して飽きてしまうので、相手が持っている知識よりも、あと少し詳しい知識を提供するようにします。

3 相手に実践の機会を与えて、結果をフィードバックする

教え方が上手な人は、知識を提供したら、教えた相手が知識を使って実際に活かせるように、相手に練習してもらう時間を設けます。うまくできたらもう少し難しいことを、うまくできなかったらなぜできなかったのかを分析して、わかりやすく伝えます。

このように、良好なコミュニケーションを築く方法と、上手な教え方をする人が実践していることは対応しています。ということは、**教え方が上手になると、自然とコミュニケーションのとり方も上手になる**ということです。

まとめ

▼教えることを学ぶと、人間関係も良好になる

教えたいことは明確になっているか？

教えるためには、何を教えるのかがハッキリとわかっていることが必要です。

これは当たり前のように思えますが、実際には教える本人もあいまいでよくわかっていないことがあります。教える人がクリアになっていないのですから、教えられる人がわかるはずがありません。

たとえば、上司が部下に「この企画書じゃ、ダメだよ」と言うことがあります。しかし、部下には、その企画書のどこがダメなのかがわかりません。企画そのものが良くないのか、企画書の書式が整っていないことが悪いのか、それとも、企画は良いけれども、その説明の仕方がダメなのか……。企画書のどこを直せば良くなるのかが伝わっていないのです。教えるということはコミュニケーションのひとつですから、いったい何をどうすればいいのかが伝わらなければ、うまく教えることもできません。

そこでまず、**あなたが教えること、すなわち、相手にできるようになってほしい具体的なことをハッキリ決めましょう。これを「ゴール」と言います。**

あなたが教えたいゴールはどのようなことですか？

そのゴールを教える相手に具体的に伝え、教えられる人がそのゴールを誰の助けもなく一人でできるようになったときに、あなたは初めて「教えた」と、胸を張って言うことができるのです。

ゴールが不明

こんな企画書じゃダメじゃないかっ!!
ゴールが明確

この企画書だけど趣旨をこんなふうに書くともっとわかりやすいんじゃないかな

まとめ

教える前に、できるようになってほしい具体的なゴールを決める

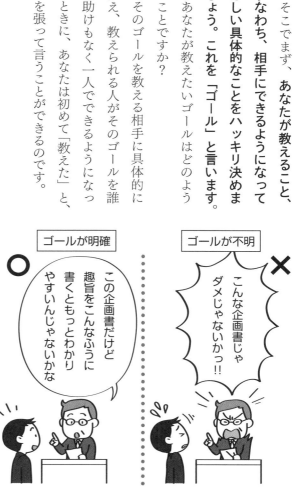

変えるのは相手の心ではなく「行動」

教えるためにはゴールを決めることが大切ということはおわかりいただけたと思いますが、どんなゴールでもかまわないのでしょうか？

たとえば、「もっと素直な人になってほしい」「人を思いやる気持ちを持ってほしい」「ポジティブ思考を身につけてほしい」などといった相手への願望も、教えるためのゴールになるのでしょうか？

答えは「×」です。「もっと素直な人になってほしい」といった相手への願望は持っていてもかまいませんが、教える技術では、他人の心まで変えることはできません。だからダメなのです。

気持ちを変えられるのは自分だけです。自分が変えようと決心したときに、自分の気持ちが変わります。逆に、相手の気持ちを変えようとすると、相手はかたくなになってしまい、よけいに変わらなくなることもよくあります。

上手に教えるためには、相手の「心」を変えるのではなく、「行動」を変えるのです。つまり、**その人が今までできなかった行動をできるように変えることが、「教えた」ということになる**のです。

そのためには、ゴールが「行動」となるように言い換えます。

たとえば、

「素直な人になってほしい」→「すぐに『ありがとう』と言える」

「人を思いやる気持ちを持ってほしい」→「電車にお年寄りが乗ってきたら、席を譲る」

これなら、何ができるようになれば「学んだ」と言えるのかが明確になりますね。

まとめ

▼**教えるゴールは、行動になるように言い換える**

「願い」を「行動」に変換する

前項では、相手の心を変えるのではなく行動を変えると言いましたが、もちろん、心も大切です。しかし、私たちは他人の心がどうなっているのかを直接知ることはできません。もちろん、見ることもできないのです。代わりに、他人がしてくれたことに「ありがとう」とすぐに言えるような人を「素直な人」と呼んだり、電車のなかでお年寄りに席を譲れるような人を「思いやりがある人」と言ったりするのではないでしょうか？

つまり、**私たちはその人の行動を見て心のあり方を推測しているの**です。なので、教えるときのゴールは、好ましいイメージに限りなく近づく行動に設定すればいいのです。

では、ここで少し練習をしてみましょう。左頁にあなたが相手にこうなってほしいと思う姿を書き出し、それを具体的な行動に変換してみましょう。

この練習を重ねることで、ゴールが明確になっていくはずです。

まとめ

「こうなってほしい」理想の姿に近づく行動を
ゴールにする

ゴールは行動に言い換える

こうなってほしい姿	具体的な行動
例 計画性を養ってほしい	手帳をつけてスケジュール管理ができる
例 気が利く人になってほしい	お客様が来たらすぐにお茶を出せる
例 効率良く仕事をしてほしい	仕事は納期の２日前までに終わらせる

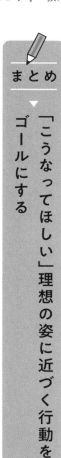

「教える」ゴールは3つに分けられる

何かを教えるためには、ゴールとしての行動を決めることが大切と言いましたが、行動は次の3つのグループに分けられます。

Aグループ　ピアノを弾く、スキーをする、タッチタイピングをする
Bグループ　伝わりやすい文章を書く、プレゼンをする、エクセルの関数を使う
Cグループ　リーダーシップをとる、習慣化する、モチベーションを上げる

Aグループは、身体の動作が中心となっています。ピアノを弾くのも、スキーをするのも、タッチタイピングをするのも、身体をどのように動かすか、ということがゴールになります。この技術を「運動スキル」と呼びます。

Bグループは、運動スキルとは違って、複雑な思考が必要です。伝わりやすい文章を書くのも、プレゼンをするのも、エクセルの関数を使うのも、頭を使わなければなりません。このように、頭を使って考えることを「認知」と言い、Bグループは「認知スキル」と呼びます。

Cグループは、さまざまな運動スキルや認知スキルを使おうと決心する能力です。たとえば、リーダーシップをとるためには、どのような状況のときにどのような行動をすればいいのかについて判断をして、実際にその行動や態度をとることが必要です。このような技術を「態度スキル」と呼びます。

以上をまとめると、教えるためのゴールは、運動スキル、認知スキル、態度スキルの3つのパターンに分けられます。

まとめ

「運動スキル」「認知スキル」「態度スキル」の3つが教えるゴール

「身体を使って覚えさせたいこと（運動スキル）」を教える

教えるゴールは、運動スキル、認知スキル、態度スキルの3つに分けられることがわかりましたが、じつは、それぞれに適した教え方があります。

まず、ピアノを弾く、スキーをする、タッチタイピングをするというように身体で覚えていくタイプの運動スキルについて見ていきましょう。このパターンの技術を教えるのは、簡単そうに見えますが、じつは、かなり難しいのです。

というのは、**運動スキルというのは、自分でマスターしてしまうと、自分がまだできなかった頃のことを思い出すことができなくなってしまう**からです。

ピアノを練習して弾けるようになると、以前は自分もピアノが上手に弾けなかったことを思い出すことができません。同じように、一度スキーが滑れるようになってしまうと、それができるまでにどうしてそんなに苦労したのかを忘れてしまいます。

これこそが、運動スキルを教えるのが難しい原因です！

教えようとしている相手はまだその運動スキルをマスターしていません。しかし、すでにそれをマスターしてしまっている教える側は、そんな簡単なことをなんで相手がうまくできないのかが理解できないのです。それで、つい怒鳴ってしまったり、イライラしてしまったりして「それぐらい、なんでできないの？」と思ってしまうわけです。

しかし、教えられるほうは、怒鳴られたり、怒られたりすれば、ますます緊張してうまくできなくなるでしょう。うまくできないとまた怒られる。そして、ますますできなくなる……。ついに、「もう教えてもらわなくてもいい！　できなくてもいい！」とやる気を失ってしまいます。こうなったら、教える側の失敗です。では、どうやって教えたらいいのでしょうか？　その方法は、第3章で詳しくお伝えします。

まとめ

▼「それぐらい、なんでできないの？」は禁句

「頭を使って考えること（認知スキル）」を教える

認知スキルは、伝わりやすい文章を書くこと、プレゼンをすることや、エクセルの関数を使うこと、というように、記憶や思考を使うタイプの技術です。つまり、頭を使うタイプのものです。このタイプも、教えるのは簡単なことではありません。

伝わりやすい文章を書くことについていえば、そもそも文章を書くということ自体が、かなり頭を使う仕事です。一度にいろいろなことを考えて、それをひとつの文にしていかなくてはなりません。そんな複雑な仕事をどのようにして教えたらいいのでしょうか？

社会人になれば人前でプレゼンをする機会も増えますが、誰もが上手にプレゼンできるわけではありません。どうすれば魅力的なプレゼンができるようになるのでしょう。そして、それをどのようにして教えたらいいのでしょうか？

エクセルの関数を使えるようになるには、エクセルに関する基礎知識が必要です。それをどのようにして教えたらいいのでしょうか？

認知スキルを教えることが難しい理由は、そもそも教える人が、教えたい認知スキルをパーフェクトにこなしていないからです。

伝わりやすい文章を書くことも、プレゼンをすることも、エクセルの関数を使うことも、誰でもパーフェクトにできているわけではありません。

しかし、こうしたことをうまくやるための「コツ」があって、それを伝えることならできます。

そのコツを伝えることが、認知スキルを教えるときに重要になってきます。

いったい、どのように教えたらいいのかは、第4章で詳しくお伝えします。

まとめ

▼ **認知スキルを教えるときは、「うまくやるためのコツ」を教える**

「相手をその気にさせて決断させること（態度スキル）」を教える

態度スキルとは、リーダーシップをとる、習慣化する、モチベーションを上げるなど、「よし、これをやろう！」と決断する技術です。

身体で覚える「運動スキル」と、頭を使って考える「認知スキル」のふたつを使って、自分の気持ちをコントロールしながら決断していきます。

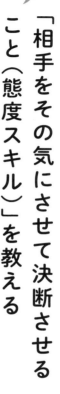

たとえば、**なんとなくやる気が出ないときに、自分の気持ちを高揚させて「モチベーションを上げる」というのも態度スキルのひとつ**です。

モチベーションを上げるためには、自分なりの目標を設定したり、それを実行するための計画を立てたりします。その仕事が完成したときのことをイメージして、自分のやる気を出したりします。しかし、モチベーションを上げることを教えるとなると、簡単なことではありません。その人その人によって置かれている環境や状況も違うので、全員が同じようにできることではないからです。

実際のところ、運動スキルや認知スキルを教えるよりも、態度スキルを教えることのほうがずっと難しいのです。


運動スキルや認知スキルは、シンプルに教える内容を決めることができますが、態度スキルは、相手の心にタッチすることが必要になってきます。

そして、「これをやりましょう！」という指示だけでは、相手に態度スキルを教えることはできません。「やればいいことはわかっています。でも心が決まらないのです」と反論されてしまうからです。

では、態度スキルを教えることはできるのでしょうか？

もちろんできます！　それについては、第5章で詳しくお教えします。

まとめ

▼態度を決めさせたいなら、相手の心にタッチするスキルが必要

5000時間練習すれば誰でも上手にできるようになる！

さて、次の章から具体的な教え方について話していきますが、その前に、教える人が知っておくとよい「学習の法則」について少し触れておきましょう。

それは**「5000時間仮説」**と呼ばれるものです。どういうことかというと、**誰でも5000時間ひとつのことを練習すればそのことに熟達する、**ということです。

料理にしても、スポーツにしても、語学にしても、ソロバンにしても、プレゼンにしても、ルービックキューブにしても、どんなことも、だいたい5000時間をかけて練習すれば、熟達するということが明らかになっています。

5000時間というのはどれくらいの時間かというと、1日5時間で毎日練習すると、3年間で5000時間になります。もし、土曜日と日曜日は休みたいというのであれば、平日1日7時間練習すれば、3年間で5000時間になります。

つまり、だいたい3年でうまくなれるということです。

また別の研究者は**「10年修行の法則」**というものを提案しています。これは**どんなことでも10年間修行を続ければ、一流になれる**ということです。ひとつのことに熟達するための時間が5000時間、3年間だとすれば、さらにそれに磨きをかけて一流の人になるためには、10年の修行が必要だということになります。

3年にしても、10年にしても長い時間です。しかし、逆に考えれば、3年なり、10年なりの時間をかけて練習を積めば、「誰でも」ひとつのことに熟達できるのです。

ですから、教える人は常にこのことを念頭に置いて、「この人は、今はまだ上手にできないけれども、3年たてば必ず上達しているはずだ」と考えてほしいのです。

そして、その手助けをするのが教える人の役割なのです。

まとめ

▼ **3年で上達し、10年で一流になれる**

教えるルール10カ条

この10カ条を頭に入れておくだけで、教えることへの意識がずいぶん変わります。手帳に書き写したり、コピーをしてノートに貼ったりして、常に目に留まる場所に置いておくことをおすすめします。

1 熱意よりも何をどうすればいいのか具体的な指示を
2 「教えた」かどうかは「教えられる側が学んだかどうか」で考える
3 結果が思わしくないのは、すべて教える側の責任
4 上手に教えたいならコミュニケーション力を上げる
5 教えるときは相手をよく観察して相手の状況をつかむ
6 相手にとってちょうどいい知識を与える
7 相手に教えたことを練習させて結果をフィードバックする
8 相手にできるようになってほしい具体的なゴールを決める
9 相手の「心」は変えられないが、「行動」は変えられる
10 ゴールは必ず「行動」として設定する

第3章

押さえておきたい「教える」の基本
～運動スキルの教え方～

「身体を使って覚えさせたいとき」は、ぜひこの章でお伝えする方法をお試しください！教える相手がどんな人でも使える、教え方の基本の「き」を習得しましょう。

まずはやさしいステップから教える

この章では、教える技術の基本とも言える、身体を使って覚えさせたい運動スキルの教え方について詳しく説明していきましょう。

運動スキルを教える機会は、仕事以外に日常生活のなかでも頻繁に出くわします。ですから、この技術を身につけておくと生活のなかでとても役立ちます。

身体を使って覚えさせる運動スキルは、やさしいステップから教えるのが原則です。

しかし、たいていの場合、**教える人は教えたいことを完璧にマスターしているので、相手のことを考えず、一足飛びにゴールの行動をさせてしまいがち**です。

たとえば、スキーを教えることを考えてみましょう。

すでにスキーを滑れる人は、スキー初心者に「とにかく滑ってみてごらん。滑り方は転びながら覚えればいいよ」と言ってしまいがちです。

しかし、スキー初心者にとってはスキーの板を履いて歩くだけでも困難なこと。スキー板を履いたまま滑ったら、どこかに衝突するか、転ぶかしか考えられず、恐怖でしかありません。

スキーを教える人は、すでに滑り方をマスターしているので、初めてやるときの恐怖心を忘れてしまっているのですね。

このような状態で、一度誰かとぶつかって転んでしまうと、それが恐怖心になってなかなかうまく滑れなくなることも多いものです。

恐怖心は運動スキルを身につけるときの一番の障害になりますから、とにかくやさしいステップから教えるのです。

スキーが滑れるようになりたいなら、まず斜面を滑る前に平らな雪の上でスキー板をつけて歩く練習から始めましょう。最初は、やさしすぎるくらいのステップからスタートします。

入門の段階では失敗させる必要はありません。中級の段階に入れば、いくらでも失敗を経験するチャンスがあるからです。

歩く練習が終わったら、転ぶ練習、そこから起き上がる練習、ボーゲン……このように小さなステップを踏むことで、恐怖心がなくなっていきます。

恐怖心がなくなれば、失敗する準備ができたということです。それまでは失敗をさせないということがうまく教えるコツです。

まとめ

▼恐怖心は、運動スキルを身につけるときの一番の障害

「スモールステップの原則」で少しずつ進む

運動スキルを教えるためには、まず誰にでもできるやさしいステップから始めることです。それができたら、ほんの少しだけ難しいステップに進みます。そして、それをマスターしたら、またほんの少しだけ難しいステップに進みます。

こんなふうにして、**少しずつ少しずつ、より複雑で難しいステップに進みます。これを「スモールステップの原則」と呼びます。**

では、タッチタイピングを例にとって、その教え方を考えてみましょう。

タッチタイピングとはパソコンなどのキーボード入力を行うときに、キーボードをまったく見ないでタイプすることです。タッチタイピングができるようになると文章の入力が圧倒的に速くなりますので、パソコンを使う仕事では効率を上げるために不可欠なスキルです。

タッチタイピングをマスターするには、自分の指を常に一定の場所に置くことが必要です。これをホームポジションと呼びます。

ホームポジションの目印のために、右手の人差し指を置く「J」と左手の人差し指を置く「F」のキーには、ポッチなど触ってわかるものがついています。

スモールステップの原則にのっとって考えると、次のようにステップを設定できます。

1 「J」と「F」に右手と左手の人差し指を置き、ポッチを確認する
2 「J」と「F」を10回打つ
3 「JKL;」に右手の親指以外の指を置き、親指はスペースの上に置く
4 「JKL;」を順番に10回打つ
5 「ASDF」に左手の親指以外の指を置き、親指はスペースの上に置く
6 「ASDF」を順番に10回打つ
7 ホームポジションが確実になるまで繰り返す

このように、スモールステップの原則に従って教えれば、教えられる人は「失敗する

ことなく」学んでいきます。もちろん小さな失敗はあるかもしれませんが、たいていは何度かトライすれば、そのステップはマスターできます。

反対に、**スモールステップの原則に従わないで、いきなり複雑で難しい課題に挑戦させると、失敗する確率が高くなります。**もちろん、失敗しても、それに負けずに頑張る人もいるかもしれませんが、ちょっとした失敗でくじけてあきらめてしまい、「もう、やーめた！」となってしまう人も多いのです。

ですから、できるだけスモールステップの原則で進めるのがコツ。

0から1に進む場合、その段差はたった1かもしれませんが、その一段が大きかったりするものです。0〜1㎝の間に10㎜もあるように、0から1の間にもいくつものステップがあると考えると、小さい段差で進んでいくことができますね。

まとめ

スモールステップの原則で教えれば、失敗が少なくなる

即時フィードバックで相手のやる気を刺激する

スモールステップでトレーニングを進めていくときには、どんなことに気をつければいいのでしょうか?

それは相手をよく観察することです。そして、もしうまくいったら、「オーケー、できている!」と声をかけましょう。

このように、相手の行動に対して声をかけるなどの反応をして相手に伝えることを「フィードバック」と呼びます。「オーケー、できている!」というのは、「うまくいったよ」というフィードバックなのです。逆に、うまくいかなかったときにもフィードバックします。「今のはできなかったね」と伝えればいいのです。

フィードバックは、その行動が起こった直後、〝できるだけすぐに〟します。これを

「即時フィードバック」と呼びます。

何かを一生懸命練習していて、それができたときに「できたね！」と声をかけられたらうれしくなりますよね。それも、できてすぐに声をかけられれば、うれしさも倍増します。

逆に、できた直後には何の反応もなくて、何分かたってから「できたね！」と言われたらどうでしょうか。自分にそれほどの関心をもってくれていないんだという不満の気持ちが大きくなるかもしれません。

だから、即時フィードバックが大切なのです。即時フィードバックをするためには、相手のことを常によく見て、観察していなくてはなりません。小さい子どもはもちろん、大人であっても気にかけてもらうのはうれしいこと。

それが刺激となってやる気が出てきます。

まとめ

▼ **相手をよく観察して、できたらすぐに声をかける**

あえて大げさにほめない

相手が課題をクリアしたときに「オーケー、できている！」と声をかけることがフィードバックです。

このとき、「できている」というのは「できている」という情報だけを伝えています。また、できなかったときの「今のはできなかったね」というフィードバックも、「できなかった」という現状の情報だけを伝えています。

これを**「情報フィードバック」**と呼びます。

情報フィードバックだけでは物足りなくて、「できたね。すごいね！」とか「すばらしい！」というような「ほめ言葉」を足したくなるかもしれません。

この「ほめ言葉」を**「評価フィードバック」**と呼んで、「情報フィードバック」と区別することにしましょう。

さて、現状の情報だけを返す情報フィードバックと、ほめ言葉で返す評価フィードバックでは、どちらを使ったほうがいいのでしょうか？

相手がうまくできたら、教える側としてはほめたくなりますね。ですが、それはちょっと我慢してください！

なぜなら、スモールステップでの教え方は先が長いのです。うまくいくたびにほめていたら、相手もそれに慣れてきて、ほめられてもそれほどうれしさを感じなくなってしまうでしょう。

また、「すばらしい！」とほめられてしまったら、相手は「次も絶対に失敗できないぞ」とプレッシャーを感じて、かえって緊張をして失敗してしまうかもしれません。

何事も上達するには失敗はつきものです。失敗しながらうまくなっていくのですから。しかし、**ほめられ続けると失敗を恐れるようになってしまいますから、あえて、ほめすぎないほうがいい**のです。

それに、ほめることは意外に難しいものです。たとえば「できたね。やればできるじゃないか」というほめ言葉は、あまりうれしくありません。「普段からちゃんとやればいいのに……」というニュアンスも含んでいるようで、逆に、注意されているような気分にさせてしまうからです。

ほめ言葉は使ってもかまいませんが、できるだけ節約しましょう。

その代わりに情報フィードバックを使ってください。

「オーケー、できたね」と現状を見て返してくれるだけで、相手は十分うれしいのです。

評価フィードバック
△
すごいね!! 次ももう バッチリだね
うれしいけど 失敗できないや
情報フィードバック
○
OK!! できたね
よーし この調子で がんばるぞ〜

まとめ

▼評価フィードバック（ほめ言葉）よりも、現状を伝える情報フィードバックで

もちろん叱らない

教えるときは、ほめすぎないことをお話ししましたが、叱ることもしません。叱るのではなく、「今のはうまくできなかったね。どこが難しかった？」と情報フィードバックで聞いてください。

もしうまくできなかったところが自分でわかっていれば、次は本人も注意するでしょうから、もう一度やってもらえばいいのです。何もアドバイスする必要もありませんし、ましてや叱る必要もありませんね。

「どこが難しかった？」と聞いて、相手がよくわからないようであれば、また同じように失敗してしまうかもしれません。

そういうときは、失敗を続けさせる代わりに、少しだけハードルを下げて今のレベルよりも少しやさしい課題にします。あるいは、「こうすればうまくいくよ」といったち

スモールステップで教える

○

叱って教える

×

ょっとしたひと言アドバイスをしてみます。

何度も失敗させるのは良くありません。相手は「ああ、こんなに頑張っても、やっぱり自分にはできないんだ（＝無力）」という気持ちを学習してしまうかもしれないからです。学習させたいのは目の前にある課題であって、「無力感」ではないですよね。

それなのに、相手ができないとつい「頑張れ！」と言ってしまいたくなります。それでもできないと「なんでできないの？」「だからおまえはダメなんだ」と叱り始めます。そうなったら、あなたには教える資格はありません。とりあえずその場を離れたほうがいいでしょう。

相手がうまくできないのは、スモールステップの教え方ができていないということです。そう、**叱られるべきなのは、スモールステップをうまく指示できなかった、教える人のほう**なのです。

まとめ

▼ **叱れば叱るほど無力感を植えつけるだけ**

やる気を持続させるための考え方

運動スキルを教えるためには、やさしいレベルから始める「スモールステップ」と、行動した直後に情報を伝える「即時フィードバック」を使えば、どんなことでも教えることができます。

新人に挨拶や名刺交換や電話の取り方を教える、機械が苦手な人にパソコンの操作方法を教える、友人にロッククライミングを教える、料理が一切できない夫に煮物の作り方を教える……など。

ただし、内容によってはマスターするまでに時間がかかるものもあります。たとえば、ロッククライミングを初心者の人に教えたり、ほとんどパソコンを触ったことのない人にパソコンの操作方法を教えるなどは訓練が必要なので、比較的時間がかかるでしょう。

このように、マスターするまでに時間がかかるトレーニングは、その行動をいかにして持続させるかということがポイントになってきます。

ここで、**相手の行動を持続させることを「強化」**と呼びます。

たとえば「オーケー、できている！」という即時フィードバックは、強化になります。その言葉を聞いて、「よし、もう少し頑張ろう」という気持ちになるからです。

トレーニングが何カ月間にもわたる場合は、練習を続けるための強化となる別のものを探す必要があります。

たとえば、甘いものが好きな相手ならケーキを差し入れしたり、若い社員に対してなら「この仕事が片付いたら、早く帰っていいぞ」と自由を与えたりします。こうして相手が喜ぶものを与えることは、行動を強化することにつながります。

いずれにせよ、相手が喜ぶものを日頃から観察しておくことがポイントです。

まとめ

▼相手が「頑張ろう」と思う気持ちになるものを探す

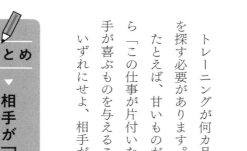

サプライズでさらにやる気を持続！

マスターするまでに時間がかかるトレーニングを行う場合は、相手のやる気を維持させるためにも、ちょこちょこと相手が喜ぶもの（ごほうび）を与えることをお話しました。

しかし、練習が長期間になれば、ときには気が乗らないこともあるでしょうし、別の用事で忙しいこともあるでしょう。

そういうやる気のないときは、叱ったり小言を言ったりしてはいけません。本人の意志を確認した上で、練習を中断してもいいのです。

やる気がないのに、無理やりやらせることは逆効果です。練習が嫌いになっては意味がありません。

それよりも、いったん練習を中断して、前のやさしいステップに戻って、自分の進歩の度合いを確認したほうが、やる気が持続します。

このとき、「よくやっているなあ」と感じたら、教える側が大きなごほうびを出してもいいでしょう。それも、相手が予期していないときにプレゼントを出すのです。いわゆる「サプライズ」です。

サプライズは毎回与えるものではないので、相手が前から欲しがっていた物や、ほめ言葉でもかまいません。

人は、予期していないときにごほうびをもらうと、何倍にも喜べるものです。サプライズがあると、自分が練習を続けてきて良かったなぁと思いますし、さらに続けていこうと思うでしょう。

サプライズのためにも相手をよく観察して、喜ぶものは何かを見ておきましょう。

まとめ

▼相手が予期しないときにプレゼントを出す

教える人と教えられる人の信頼関係はトレーニングのなかで生まれる

やさしいステップから始めて、相手をよく観察し、すぐにフィードバックをする。こうしたトレーニングを続けると、教える人と教えられる人の関係は良くなっていきます。教えられる人は、自分が練習しているところをきちんと見てくれることをうれしく思うでしょう。そして、教える人は、自分が考えたステップに従って練習することで、相手が着実に上達している様子を見ることができるので、うれしくなるでしょう。

こうしてトレーニングがうまく進むと、その副産物として、教える側と教えられる側の両方に、お互いの信頼感が生まれてきます。

信頼感というものは、最初からあるものではないのです。**「スモールステップ」と「即時フィードバック」を使って教えることを着実に実行すると、その結果としてお互いの間に信頼感が生まれてくる**のです。

つまり、信頼関係とは、トレーニングを進めるなかで育まれていくものなのです。

反対に、スモールステップと即時フィードバックがうまくできなくて、練習がぎくしゃくしてしまうと、その結果としてお互いの信頼感が損なわれます。つまり、教える人は「私のプラン通りにやってくれない」と考え、教えられる人は「教え方のプランに無理がある」と考えてしまうのです。そうすると、お互いに相手を信頼できなくなるので、さらに練習がうまく進まないという悪循環になってしまいます。

そんなときには、スモールステップと即時フィードバックの原則をもう一度思い出してください。「相手にとって無理なハードルを立てていないか」「逆に、やさしすぎる課題を出していないか」「きちんと相手の練習を見て、すぐにフィードバックを出しているか」。この原則に立ち返ることがもっとも大切です。

まとめ

▼「スモールステップ」と「即時フィードバック」で、信頼関係を築く

丸投げやほったらかしにしたら自立は遠のく

「スモールステップ」と「即時フィードバック」のテクニックを使って教えていけば、相手は驚くほどスムーズに上達していくことをお話ししましたが、なかには「こんなにつきっきりで指導したら、相手の自立心が育たないのではないか？」と考える人もいるかもしれません。

「自立心」。なんと素敵な言葉でしょうか！

その通り、**「教えること」の最終目標は、「相手が自立してできるようになること」**です。相手が自立することで、あなたの「教える」という仕事は終わりになります。

逆に言えば、**相手が自立するまでは、あなたの仕事は終わっていない**のですね。

しかし、私たちは相手が少し上達すると、それで安心してしまい（あるいは面倒くさくなって)、「あとは自分でできるよ！」と言って、相手に任せてしまうことがあります。これがひどくなると「丸投げ」や「ほったらかし」になってしまうのです。

これは教える側の責任放棄です。

教えられる側が「ありがとう。もう一人でできます」と宣言するまでは、教える仕事は終わっていないのです。


「スモールステップ」と「即時フィードバック」の原理を使って教えていけば、常につきっきりで指導しなければならないということはありません。

上達が早く、ある程度できてきたら、ときどき見てあげるだけで十分です。

その間に、相手は「よし、これでオーケー」「今のは、ここが失敗したな」などというように、自分で自分にフィードバックをかけることができるようになるからです。

まとめ

▼「自立」という名の丸投げは、教える側の責任放棄

まとめ

運動スキルの教え方

- 誰でもできるやさしいステップから教える。
- できるようになったら、少しずつハードルを上げる。
- 相手をよく観察して、行動の直後に「できた」「できなかった」という情報だけをフィードバックする。
- できなかったときは、叱るのではなく「どこが難しかった？」と聞く。
- 練習のあとは、ごほうびを用意する。
- ときどきは、サプライズをあげてやる気を持続させる。
- 教えられる人が自立するまでは、教える人が責任を持つ。

第4章

学ぶ人を納得させる教え方

～認知スキルの教え方～

記憶や問題解決、文章作成など、「頭を使って考えること」を教えたいときは効率のいい教え方をするに限ります。この教え方をものにすれば、頼られる人に！

「プレゼンがうまくいかないのはなんでだろう?」を教える

あの…ですから
20代の若い女性をターゲットとした
新製品の売上増加のために…
その…
えっと…
橋本翔太(24)販売促進部

最近係長変わったよなー
前みたいにガミガミしなくなった
だからか
部内の雰囲気もすごく良くなったし
頼りになる兄貴って感じで
新入社員からも人気だよ
あのっ小林係長っ
おー橋本
ちょっとご相談したいことがあるのですが……
さっきはプレゼンで大失敗してしまって
すみませんでした!!
こんな大事なときに失敗する自分が情けなくて…
僕っ小林係長みたいにプレゼンが上手になりたいんです!!

さっき失敗した原因は何だと思う?
それは…
僕…昔からそうなんです
大勢の前で話すと緊張して頭が真っ白になって
絶対失敗できないって思えば思うほど失敗してしまうんです
今日のプレゼンの練習はしたのか?
はい!もちろんです!!
緊張すると頭が真っ白になって言葉が出なくなるのでスピーチ原稿も作ったんですが…
もしかして
この原稿そのまま丸ごと覚えてきたのか?
はい…
なのにいざ本番になったら覚えてきたことを忘れちゃって…
それは俺でもパニくるよ

え？
だってこんなの覚えられないって！
きっと係長は頭のなかにしっかりプレゼン内容がまとまっていてスラスラ言葉が出てくるんでしょうね…
まさか！
覚えられるわけがない…
じつはスピーチにも方法があるんだ
それを橋本に教えてやるよ！
いいか まず話したい内容をマップに書いてみるんだ
マップ？
新製品のチョコ菓子キャンペーン企画について
目的
認知してもらう
購買層の拡大
売り上げ目標の達成
対象範囲
メインターゲットは10～20代の女性さらに30～40代の主婦層
方法
SNS
サンプルの配布
効果的な配布場所について
伝えたいこと
新食感
味覚と香りUP
こんな感じで
言いたいことの骨組みを書いていく

No.
Date
伝えたいこと
これまでにない ソフトな食感
果汁使用で フレッシュな香り
目的
女性を中心に認知度UP
当社の主力商品にするため…
方法
若者が多い街で サンプル配布
SNSを使って 口コミによる拡散
あとはそれを見ながら
話す順番を決めて
箇条書きにしていくんだ
これでおしまい
これだけ?
メモみたいな…
うん
完全な文章にしたくなるかもしれないけど
聞いてるほうは暗記したものを読まれても感動しない
プレゼンはいかに話し手の思いが乗るかにかかっているから
話す骨子のメモだけ作れば十分
たとえ練習してもプレゼンするときは一度忘れて
聞き手の顔を見ながら思いを伝えるつもりで話してごらん

暗記しないでプレゼン…
そのほうがずっとうまくいくハズだよ
どうしても忘れてしまうと困る
固有名詞などは
メモ用紙に書いておけばOK
あとはリラックスすれば大丈夫！
今まで不安から覚えることに必死になって
聞き手のことを考える余裕がありませんでした
次は教えてもらったことをやってみます！
貴重なアドバイスありがとうございます！
新商品パッケージ案についてのプレゼン会議
えー…
資料にもありますようにメインターゲットである20代女性の購買傾向をマーケットの流行調査を元に……
まぁ
統計はわかるんだけど
どうして君はこのデザインがいいと思ったの？

頭まっ白
はっ…
自分の言葉でやれ
コクッ
ショコラティエ監修のご褒美チョコレートがコンセプトなので
一粒一粒が宝石みたいだったら
女性に…
すごく喜んでもらえるんじゃないかって
それで毎日の日常のなかでほんのちょっぴりでも
元気や笑顔に
つながればいいなって思ったからです
へぇ
いいんじゃない？
橋本君の提案で検討してみたら？
うん
プレゼンも思いが伝わってよかったよ！
あっ
ありがとうございます!!
やったな！
小林君も教え上手になってるわよ

「認知スキル」が開発されると言葉やイメージを操作できる

社会人になると、みんなの前でプレゼンをしたり、書類の書き方を覚えたり、お客さんの要望を解決したりと、頭で考えることが増えてきます。つまり、「認知スキル」を使う場面が多くなってきます。

マンガに登場する橋本翔太さんは、プレゼンで頭のなかが真っ白になり、うまく言葉で伝えることができませんでした。

こうしたミスをすると、たいていはできない自分を責めることが多いものですが、そうする必要はありません。

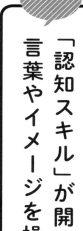

なぜなら、認知スキルのコツを覚えれば、誰でも上手にできるようになるからです。

認知スキルには、複雑な思考が必要です。文章を書くのも、英単語を覚えるのも、パズルを解くのも、頭を使ってよく考えなければなりません。どうやってうまい思考をするのか、ということが教えるゴールです。

身体で覚える運動スキルは、上達するにつれて「身体が覚えた」という感覚になり、だんだんと言葉がなくなっていきますが、**頭で考える認知スキルは、上達するにつれて、言葉やイメージを頭のなかで素早く操作することができるようになる**のです。

じつは、学校で教えてもらった勉強の大部分は、この認知スキルです。体育や美術、音楽といった科目は運動スキルが中心ですが、それ以外の国語や数学や理科や社会などは認知スキルを開発するための科目といってもいいでしょう。

それは、社会に出たときに、認知スキルが重要になるからです。認知スキルの教え方はすべての人に必要なことです。

まとめ

▼どのようにうまく思考するかを教えることが、認知スキルのゴール

「頭を使って考える」パターンは３つ

「頭で考える」認知スキルは、次の３つに分けられます。

それは**「記憶すること」「問題を解決すること」「話したり書いたりすること」**です。

１番目の「記憶すること」は、学生時代に学んだように、英単語を覚えたり、元素記号を覚えたり、歴史上の出来事を覚えたりすることです。学校の教科書には、覚えるべきことがたくさん載っていましたね。

社会に出ても、覚えることはまだまだあります。たとえば、交通標識とその意味を覚えることは、自動車を運転する人だけでなく、歩行者にも必要なことです。

また、営業をしている人は、自分の会社が扱っている商品の名前とその特徴を覚えておく必要があります。

何かを覚えておくことは学校でトレーニングされることですが、覚えるのが苦手だという人は多いでしょう。それでも日常のなかには覚えておかなくてはならないことがたくさんあります。

ということは、**効率良く覚え、しかも忘れないようにする方法を教えてあげることが、教える人の仕事**です。

2番目の「問題を解決すること」は、お客さんから受けたクレームを処理したり、相談された悩みを解決したり、パズルを解いたりすることです。

問題解決をするには、大きな問題をいくつかの小さな問題に分解したり、効率の良い手順や段取りを考えたりすることが必要です。

複雑な問題を、単純な問題に分解して、それを段取り良く解決していく方法を教えてあげることこそ、教える人の仕事です。

3番目の「話したり書いたりすること」は言葉を使う技術です。たとえば、会議で新企画を提案したり、プレゼンで話をしたり、メールを書いたり、文章を書いたりすることです。

人間は言葉を使う動物です。言葉を上手に使うことによって、他の人たちとコミュニケーションをとったり、楽しくおしゃべりをしたり、自分の考えを文章にして他の人にわかりやすく正確に伝えたりすることができます。

マンガに出てくる小林係長が部下にプレゼンの仕方を教えたように、**上手に言葉を使う技術を教えてあげることが、教える人の仕事**です。

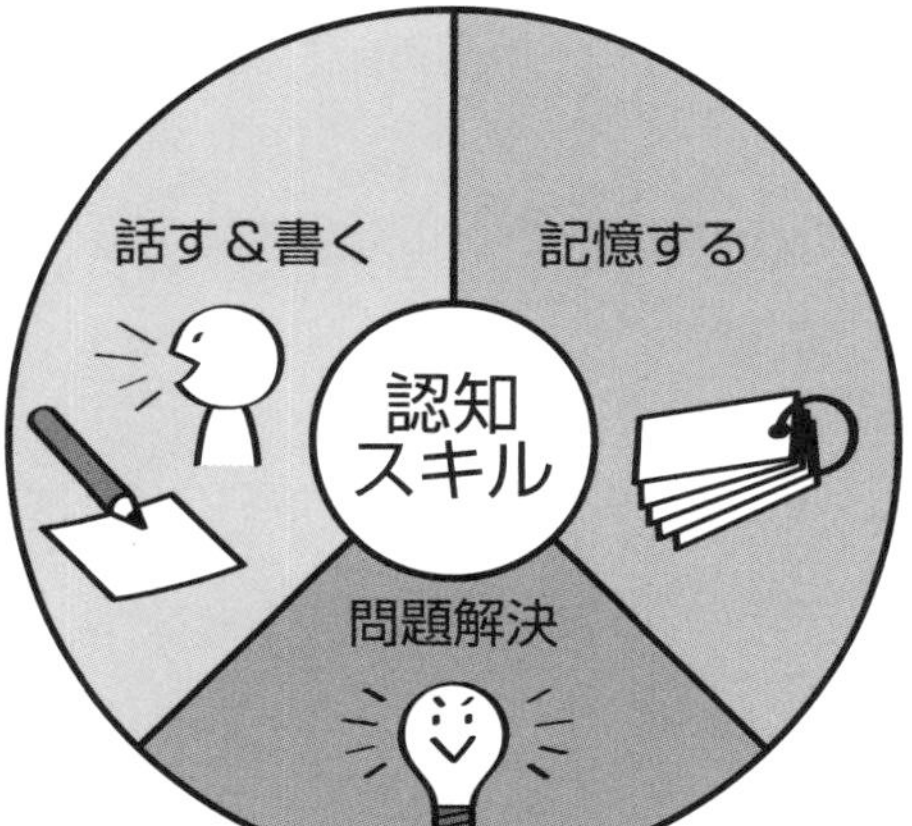

まとめ

「記憶する」「問題解決」「話す＆書く」を教えることをマスターしよう

「記憶する方法」の教え方 その1
詰め込み勉強では覚えられないワケ

ここでは、認知スキルの1番目「記憶する方法」の教え方についてお話しします。

「記憶すること」は、学校で最初にトレーニングされることのひとつです。小学校から、中学、高校、大学まで、私たちは、さまざまなことを記憶してきましたね。

九九、四字熟語、百人一首、英単語、歴史上の出来事と年号、化学式、因数分解のパターンなど、もうすっかり忘れている人がほとんどだと思いますが、とにかくいろいろなことを記憶してきました。

また、社会に出てからも覚えなければならないことはたくさんあります。同じ職場にいる人の名前やクライアントの名前、扱っている商品の名前と特徴、経費精算書の書き方、パソコンソフトの使い方、資格試験の知識などです。ですから、覚えなければいけないことを効率的に記憶する方法を教えてあげることは、教える人の大切な仕事です。

では、どのように教えればいいのかというと、まず人間の記憶のしくみを知る必要があります。

試験の前日に猛烈に勉強した経験は誰でもあるでしょう。いわゆる「一夜漬け」です。一夜漬けのように集中的に勉強することを「集中学習」と呼びます。この集中学習は、じつはあまり効果的ではないことが、心理学で実証されています。

みなさんにも、徹夜覚悟で一夜漬けをして、一生懸命記憶をしたけれども、翌日の試験では覚えていなかった、という経験があるかもしれません。そう、一夜漬けは効率が悪いのですね。

では、どうすれば効率良く勉強できるのでしょうか？

それは、**覚えたい事柄を、間隔をあけて繰り返して覚える**のです。英単語を覚えることを例にとると、1回目を覚えた後、何日か後にまた同じ英単語を学習します。さらに、また何日か後に3回目の学習をします。

こうして同じことを何回か繰り返し覚えることで、最後のほうはラクラクと英単語が出てくるようになります。つまり、**すべてを一度で覚えようとしない**ことです。

これを**「分散学習」**と呼びます。

分散学習は集中学習よりも記憶できる確率が高くはるかに効果的なのですが、この学習法はあまり人気がありません。

それは、2回目以降、学習するときに「あ〜、思い出せない」という項目が多少出るからです。この「思い出せない」というのが、ちょっとイヤな感覚なのですね。

しかし、それをクリアさえすれば、次回覚えるときは、前回よりもスムーズに思い出せるようになります。少しの努力で覚えられるようになるので、記憶することが楽しくなるでしょう。

あなたの周りに記憶することが苦手な人がいたら、ぜひ、分散学習がいいことを教えてあげましょう。ちょっとしたコツを教えてあげるだけで、覚えることへの苦手意識がなくなります。

まとめ

▼ **集中学習よりも分散学習のほうが効果的**

「記憶する方法」の教え方 その２

会った人を忘れないように記憶しておくワザ

先にお話しした通り、何かを記憶するには分散学習が効果的です。一度にすべてを覚えることはできませんが、２回目、３回目と回を重ねるほど明らかに覚えやすくなるので、忘れることを気にせず、そのとき、そのときに覚えればいいのです。

さて、分散学習の方法ですが、ただやみくもに繰り返して覚えるのは、効率良くありません。たとえば、英単語を覚えるのに、単語カードを使うことがよくあります。しかし、ただ英単語とその日本語訳を見るだけでは、記憶が定着しないのです。

では、「記憶したことを忘れないようにしたい」と相談されたら、どう教えればいいでしょうか？

それには、覚える内容をいろいろな角度から検討して、すでに知っている知識に関連づけて覚える方法が効果的です。たとえば、人の名前を覚える場合、「岡山恵実」という名前であれば、「岡山」は「岡山県」に結びつけて、岡山さんが岡山県に旅行するイメージを作ります。これで名字が覚えられました。

次は「恵実」という名前ですが、これを「笑み」に結びつけて、恵実さんが微笑《ほほえ》んでいる顔をイメージします。「えみ」という名前には「恵美」という漢字もありますので、「だんご（実）を食べている」というふうに結びつけます。

こじつけでもなんでもいいのです。名前を何かに関連づけてイメージすることが大切です。以上をまとめると、岡山恵実さんが、岡山県に行って、だんご（実）を食べて微笑んでいるところをイメージします。これで名前を忘れなくなります。ついでに漢字も間違えなくなるでしょう。

まとめ

▼ 覚える内容とすでに知っている知識を結びつけると、記憶できる

「記憶する方法」の教え方 その3
教える相手は聴覚型？ 視覚型？

記憶する場合には、大きく分けてふたつの方法があります。

ひとつは、「耳で聞いて覚える方法」、そしてもうひとつは、「目で見て覚える方法」です。

もちろん、普通は、耳で聞いて、目で見て覚えるというように、聴覚と視覚の両方を使って記憶します。しかし、人によって、聴覚のほうが強く働く人もいれば、視覚のほうが強く働く人もいます。

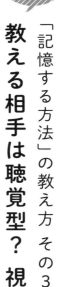

つまり、**耳で聞いたことが強く残る人（聴覚優位）と、目で見たことが強く残る人（視覚優位）がいる**のです。

その人が聴覚型なのか視覚型なのかを探ることは、そう難しくありません。その人と話をしているときに、出来事の話し方に注目すればわかります。

出来事を話すときに、時系列に沿って流れるように話す人は、聴覚が強く働くタイプです。「去年、屋久島に行ってダイビングをしたよ。その日の夜、浜辺で寝転がって一晩中夜空を見ていたんだ。都会では決して見られない満天の星空で感動したよ」といったように物事が起こった順番通りに話をします。

このタイプの人は、そのとき誰がどんな話をしたのかまでよく覚えているので、会話をそのまま再現することができたりもします。

一方、**視覚のほうが強く働く人は、出来事を話すときに、その場面場面を切り取ったような話し方をします。**話す順番は、印象の強い場面からです。

たとえば、「あの満天の星空は、感動ものだったよ」と突然思い出したように言ったりします。周りの人は「えっ？　いつのこと？」などと聞き返します。すると「去年、屋久島に旅行したときのことだよ」といった具合です。

教える相手はどんな話し方をするのかを観察して、聴覚型なのか視覚型なのかを判断し、その人のタイプに合わせた方法で教えるといいでしょう。

どんなふうに教えればいいかというと、**聴覚型の人には、物語を聞いているかのように語って教えてあげます。**すると、いつまでも記憶に残ります。

一方、**視覚型の人には、図を描いたり、グラフを描いたりしてあげましょう。**実際にその物を目で見たりしたほうが頭にスッと入ってくるものです。

同時に、自分自身が、聴覚型なのか、あるいは視覚型なのかということも、認識しておくとよいでしょう。

というのは、教える側は、つい自分の教えやすい方法で教えてしまうからです。

自分の得意な方法だけで教えるのではなく、相手のタイプに合わせた方法で教えることができるようになると、教えられる人の理解も早くなり、上手に教えることができるようになります。

まとめ

相手は聴覚型か視覚型かを見極め、相手に合わせた方法で教える

「問題解決」の教え方 その1

「どうしてわからないんだ？」ほど無意味な質問はない

ここからは、認知スキル2番目の「問題解決」の教え方についてです。

問題解決とは、お客さんから受けたクレームを処理したり、相談された悩みを解決したり、パズルを解いたりなど、目の前にある問題を解決することです。

問題を解決するためには、たくさんの思考のステップを踏むことが必要です。

左頁の図を見てください。「ハノイの塔」というパズルです。すべての円盤を最初の位置から別の位置に移動させるパズルですが、「一度に1枚の円盤しか動かせない」「下の円盤よりも大きな円盤を上に置くことはできない」という条件があります。

このパズルを解くためには、まず円盤を2枚だけにして一番簡単な状態で解いてみます。次に、3枚の円盤で解いてみます。

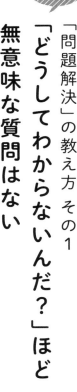

このようにして、解き方のパターンがわかれば、5枚でも6枚でも同じように解くことができます。

一度、ハノイの塔のパズルの解き方がわかったら、今度はそれを他の人に教えることを考えてみましょう。おそらく相手はなかなか解けないと思います。それを見て、あなたはもどかしく感じるかもしれません。しかし、もどかしく感じるのは、あなたがすでに「解き方のパターン」を獲得してしまったからなのです。

あなたがじれったくなって、思わず「どうしてわからないの？」と聞いてしまったら、あなたは教える人としては失格です。

相手がわからないのには、理由があるの

ハノイの塔のパズル

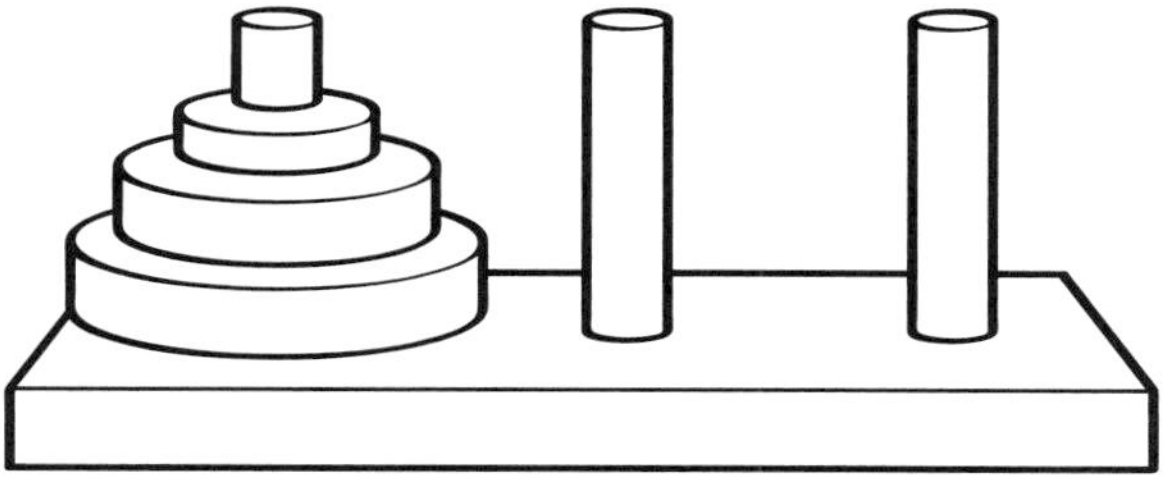

円盤を1枚ずつ動かして、
すべてを別の棒の位置に移動する。
ただし、小さい円盤の上に大きい円盤は
のせられない

ですから。それは、解き方のパターンをまだ獲得していないからです。それを教えるのがあなたの役目です。

そのときに「どうしてわからないの？」と聞くのは無意味ですし、相手の気分を害するかもしれません。わからないからこそ、あなたに習っているのですから。

この**「解き方のパターン」を「スキーマ」と呼びます。**スキーマができると簡単に問題が解けるようになります。つまり、**問題解決を教えるというのは、このスキーマを相手に獲得させること**なのです。相手がわからないのは、理解力がないからではなく、スキーマをまだ獲得していないからなのです。

このように考えれば、相手がなかなか思うように答えを導けなくても、イライラすることはありませんね。

まとめ

▼解き方のパターンを習得させて、問題解決を教える

「問題解決」の教え方 その2
解き方のパターンは多ければ多いほどいい

解き方のパターンのことを「スキーマ」と呼びますが、この**スキーマをどれくらいたくさん持っているかが、その人の問題解決能力の高さを決める**のです。

たとえば、将棋や碁やオセロが強い人は、いろいろな戦術をスキーマとして持っています。同じように、事務仕事やクレーム処理を的確に素早くできる人は、さまざまな対処の仕方をスキーマとしてもっています。

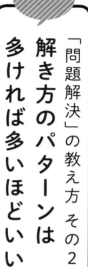

また、一連の流れとしてスキーマをとらえたほうが効率的な場合もあります。

たとえば、会社に新入社員が入ってきたら、電話の受け方を教える必要がありますが、敬語で応対する、メモをとる、といったひとつひとつの行動をバラバラに教えるよりも、左手で受話器を取って、敬語で応対しながら、右手でペンを持ち、メモをとる。相手の名前と連絡先を必ず聞き、必要があれば行事の日時、場所なども聞いてメモをとる……といった流れで教えるのです。最初のうちはうまくいかないこともあるでしょう。しかし、何回も経験していくうちに、一連の動作が順序良く、漏れなく、スムーズに進むようになります。このような状態になったら、「電話の受け答えについてのスキーマ」がその人のなかに完成したということです。

一度、普遍的なスキーマが完成してしまえば、そのスキーマのなかでバリエーションを増やすことができます。たとえば、相手がお得意様か、クレーマーなのかによって、対応の仕方を変えることができるといった具合です。

どのような状況でも基になっているのは「電話の受け答えについてのスキーマ」ですから、基本のスキーマをしっかりと教えることが大切です。その上で、バリエーションを増やしながら応用範囲を広げ、さまざまな問題解決ができるように導けるのです。

まとめ

▼スキーマをどれくらいもっているかが、問題解決能力を決める

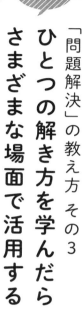

「問題解決」の教え方 その3
ひとつの解き方を学んだらさまざまな場面で活用する

「KPT法」というのをご存知ですか? イベントやプロジェクトなどのふりかえりのための枠組みです。毎日の業務の終わりのふりかえりとして使うこともできます。

KPTのKは「キープ」で「良かったこと・続けること」です。Pは「プロブレム」で「悪かったこと・問題点」です。Tは「トライ」で「次に試すこと」です。

イベントやプロジェクトが終わると反省会やふりかえりの会合を開くことがよくあります。しかし、反省会を開いても、それぞれがバラバラの意見を述べていくだけでは「ああ、そんなこともあったね」という印象しか残りません。

そこでKPT法というスキーマを使います。まず「良かったこと・続けること」をあげていきます。これはあげやすいので、最初のスモールステップとしては最適です。その意見が十分にあがったら、次に「悪かったこと・問題点」をあげていきます。その意見も十分にあがったら、最後は「次に試すこと」を考えていきます。悪かったことを改善し、同時に良かったことを続けられるようなアイデアを出していくのです。

このようにKPT法というスキーマを使うことで、あまり生産的でない反省会を、意味のあるものにすることができます。これがスキーマの力です。

さらに、KPT法というスキーマを一度獲得したら、そのスキーマをいかに柔軟に利用できるかがポイントになってきます。KPT法はイベントやプロジェクトのふりかえりとしてだけでなく、たとえば、スポーツのふりかえりや料理のふりかえり、旅行のふりかえりなどにも応用できます。

ひとつのスキーマを学習したら、さまざまな場面に当てはめて使ってみることを教えてあげましょう。その問題解決スキーマが柔軟性をもち、応用範囲が広がります。

まとめ

▼スキーマを学んだら柔軟に利用する

「話す＆書く」の教え方 その１
言葉を使うスキルの基礎はノートをとること

３番目の認知スキルは「話したり書いたりすること」です。

会議で提案をしたり、プレゼンをしたり、メールを書いたり、文章を書いたりといった、言葉を使う技術です。

日常会話では、言葉を使ったコミュニケーションは不自由なくできます。毎日やっていることですし、多少間違ったり変な言葉遣いをしても、大きな問題はないからです。

しかし、ノートや議事録をとったり、会議で提案したり、プレゼンで話をしたりするためには、そのやり方を学び、時間をとってトレーニングをする必要があります。日常的に行っているものではないので、訓練して習得しなければ身につかないからです。

そして、こうした「言葉を使うスキル」を習得すれば、その人の可能性は大きく広がります。ぜひ、教えたい技術です！

なかでもノートをとる技術は、ぜひ身につけてほしいものです。**ノートをとることによって、相手の話を理解することに集中できるだけでなく、相手の話の全体をまとめ、そこに自分なりの考えを追加することができます。**ノートをとらなければ、その場ではわかったような気になったとしても、あとで思い出すことは難しいでしょう。

最近では、大学で、新入生にまずノートのとり方を教えるケースが増えてきています。会社に入れば、報告書を書いたり議事録をとることもありますから、ノートをとるトレーニングは仕事上でも必須です。

ノートをとるためには、相手の話が始まったらすぐにメモ帳やノートブックを出し、ペンを持つことを習慣づけることです。この習慣こそが最初のトレーニングです。

普段おしゃべりをしているときには、メモ帳を取り出すことはありませんから、これは意識的にしなければできません。それを指導するのは教える人の役目です。

では、どのようにノートをとればいいのでしょうか？　ここで「コーネル式ノート」というノートのとり方をお教えしましょう。

コーネル式ノートとは、米国にあるコーネル大学の学生のために、Walter Paukという

コーネル式ノートの例

② 記憶のヒント
・キーワード
・図表
・ヒント　など

① ノート
・箇条書きで
・簡潔に

【「書き方」研修会の企画】

・書くニーズ

●具体的に書くニーズがある人を対象
・小説や日記ではなくビジネス文書
・ビジネスでは誰でも書く必要がある
・速く、楽に、わかりやすい文章を書きたい人

・ステップ通り!

●書くことのハードルを下げる
・ステップ通りにやってもらう
・「これで書ける」という感じをつかんでもらう

・文章の「型」

●書くことの「型」を身につけてもらう
・自由に書こうとすると書けなくなる
・この「型」を使えば間違いなく書ける
・「型」を身につけたあとに個性が出てくる

・ビジネス文書を書くニーズがある人を対象とした「書き方」研修会の企画
・ステップ通りに進めて、書くことの「型」を身につける

③ まとめ
・重要なことをまとめる

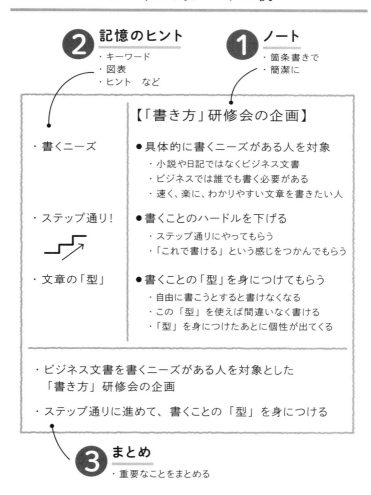

人が考案したノート術です。前頁の図のように、ノートに縦と横に線を引き、右上に「ノート」、左上に「記憶のヒント」、下に「まとめ」のカテゴリーを作ります。

1の「ノート」欄には、会議の内容や相手の話の内容を箇条書きでできるだけ簡潔に書きます。

そして、会議や相手の話が終わったあとに「ノート」欄を読み返し、2の「記憶のヒント」欄に大切なことをキーワードにしたり、図表にしたりして、ここを見れば要点がすぐに思い出せるような手がかりを書いていきます。

同時に、3の「まとめ」欄にも特に重要なことをまとめて記入していきます。

このコーネル式ノート術を覚えると、あとから見直すだけで相手の話をしっかり思い出すことができるので、とても便利です。

ノートのとり方を教えるときに、ぜひ参考にしてください。

まとめ

▼ **あとから見てすぐに記憶がよみがえるノートのとり方を定着させる**

「話す＆書く」の教え方 その2
文章の書き方を教えるのが難しい理由

ノートやメモをとるのは、文章を書くための準備です。文章を書くのに、何の準備もせず、いきなり真っ白の紙（または、真っ白のワープロ画面）に向かうのは無謀です。まず、書く内容について簡単なメモをとっておきましょう。メモは完璧なものでなくていいのです。そもそも、「完璧なメモ」というものはありません。仮に覚えておくためのものを「メモ」と呼ぶのですから。

このようにメモをとってから、文章を書いていくわけですが、文章を書くことを教えるのはなかなか難しいことです。

理由のひとつは、文章を書くこと自体が大変な仕事だからです。大変な仕事というのは、一度に並行していくつもの作業をしなければならないということです。

文章を書くときの状況を考えてみましょう。

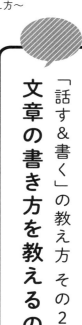

まず、書いているテーマについて考えなければなりません。テーマからずれないように、どういう順番で、どういうストーリーにしたらいいのかということを考えています。また、この文章がどういう読者に向けて書いているのか、ということも考えなければなりません。相手によって、言い回しを変えたり、専門用語を言い換えたり、説明の詳しさを変えたりしなければなりません。段落の長さも調整しなければなりません。文の長さも調整が必要です。漢字にするかひらがなにするかも考えなければなりません。

このように、文章を書くときには同時にいくつもの作業をしているのです。これが文章を書くのが難しい理由です。ですから、**文章を書くことを教える人は、複数の作業を一度にさせるのではなく、分割して取り組んでいくという戦略をとるといいでしょう。**

まとめ

▼

文章を書くときは複数の作業を同時に行うため、教えることが難しい

「話す＆書く」の教え方 その３
文章は「小さなステップを踏んで書く」と教える

文章を書くのが難しい理由は、前項でお伝えしたように、一度に複数の仕事をこなさなければならないからです。

そこで、文章を書くことを教えるときは、複数の作業を細かく分けて、ひとつずつステップを踏んで書くように教えていきます。こうすれば、誰にでも伝わりやすい文章が書けます。しかも、ラクです。

では、どのように教えればいいのか、具体的に見ていきましょう。ここでは「書き方」研修会の企画について、書く例を示します。

◆ステップ1　マップ形式／アイデアを出す段階です。大きな白紙にマップ形式で書いていきます。真ん中にテーマを書き入れてスタートです。思いついた順に、好きな場所

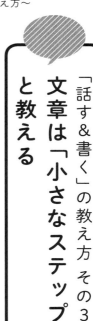

ステップを踏んで文章を書く

STEP1

マップ形式

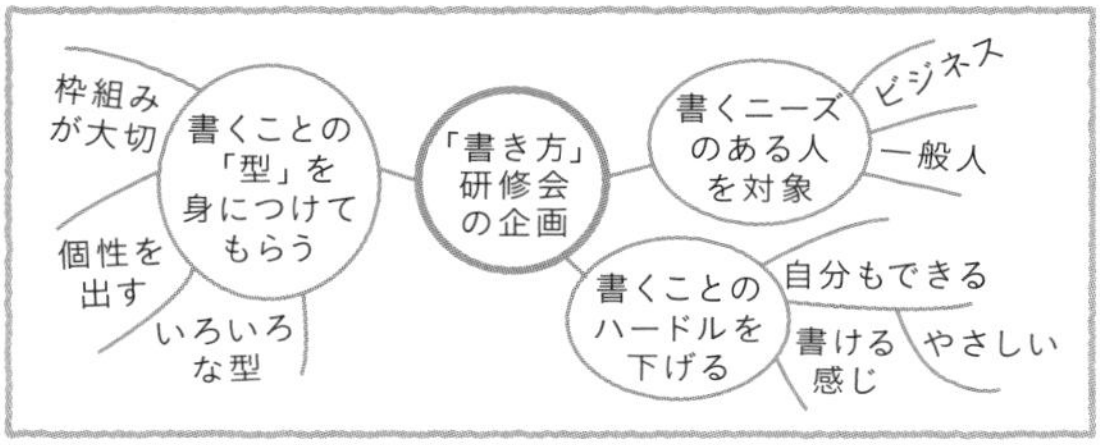

STEP2

箇条書きストーリー

【「書き方」研修会の企画】

- 書くニーズのある人を対象
  - ・書くことを専門にしていない人
  - ・仕事のなかで書かなければいけない人
- 書くことのハードルを下げる
  - ・おじ気づかせない
  - ・「書ける」という感じをつかんでもらう
- 書くことの「型」を身につけてもらう
  - ・「自由に」と言われると書けなくなる　・「型」にしたがって書く
  - ・「枠組」を身につけると、個性が出てくる

STEP3

おしゃべりスタイル

この「書き方」研修会は、書くニーズのある人ならだれでも対象にしていて、書くことを専門にしていない人を対象としています。仕事をしていれば必ず書かなければならない場面に出会いますよね。だから、そういうときにどういうふうに書けばうまく書けるようになるのかを伝える研修会なんです。

STEP4

段落形式

この「書き方」研修会の特徴は、第一に、具体的に書くニーズのある人を対象としていることだ。しかも、書くことを専門にしている人ではなく、一般的な仕事をしている人が対象になっている。仕事をしていればどうしても書く必要に迫られるので、そのときに上手に書けるようになるための研修会だ。

第二に～

第三に～

に、キーワードを書いて、線でつないでいきます。絵やマンガを描いてもいいでしょう。できるだけ自由に、リラックスしてアイデアを出していきます。

◆**ステップ2　箇条書きストーリー**／ステップ1のマップを見ながら、書いていく順番を考え、ストーリー形式で箇条書きに書き出していきます。

◆**ステップ3　おしゃべりスタイル**／箇条書きにしたメモを見ながら、おしゃべりをするように文章を書いていきます。おしゃべりですので、表記や言い回しは気にしません。

◆**ステップ4　段落形式**／ステップ3である程度の量の文章ができているので、それを段落ごとに整理しながら、つながりの言葉を入れて全体を整えます。これで完成です！

文章を書く仕事のように、複雑な作業がたくさん必要なものは、小さくて単純なステップを踏んでいけば、無理なくできることを教えましょう。

まとめ

いくつもの作業を同時にこなす仕事は、単純なステップに分けて教える

「話す&書く」の教え方 その4

「型」を教えることで文章が書けるようになる

書こうとする文章の種類が決まっているならば、その型（テンプレート）を利用するのもよいでしょう。これを利用すれば、**型、つまり文章全体の構成に注意を払うことなく、埋めていく文だけを考えればいい**ことになります。

たとえば、企画書や提案書では、どんな企画や提案なのかを明確にし、なぜこの企画や提案をしようと思ったのか、その意図を伝えることが大切です。また、提案するからには、その中身を具体的に伝えることも必要です。これらを伝える型は、

序論　コンセプト（企画提案の意図）を書く

本論　①目的、②構造(企画・提案に関わる人、組織などの構成)、③プロセスを書く

（実際の進め方、期間など）

結論　実施するメリットとお願いを書く

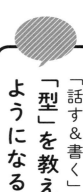

の3部構成です。最初にコンセプトを言い切ることで、読み手は次に何が書かれているかをだいたい推測できるので、安心して読めるというわけです。

また、社会人になると、報告書を書く機会は多いでしょう。イベント、研究、会議、打ち合わせ、視察旅行など、そこに参加していない人にもわかるように要点を整理してまとめる能力が問われるのが報告書です。その場合の型も、

序論 報告の概略を書く

本論 ①1つめの要点(内容や実施したこと、出来事など)、②2つめの要点、③3つめの要点を書く

結論 全体のまとめを書く

という3部構成になります。このように、どんな文章にしても一定の型があるということを教えてあげることが大切なのです。

まとめ

▼どんな文章にも一定の型がある

「話す&書く」の教え方 その5

上手なプレゼン方法を教えたいときは?

最近では、小学校や中学校でも、プレゼンを練習するようになってきました。大勢の人の前で、的確に説明をしたり、自分の主張を話すことは大切な技術だということがわかってきたからです。

プレゼンは、実物やスライドを見せながら話をするのが一般的ですが、基本になるのは、一人でまとまった話をすること、つまり〝スピーチ〟です。

では、上手なスピーチをするためにはどうすればいいかというと、準備と練習が必要になってきます。準備の段階では、話す内容を決めます。マンガ89~90ページにもあるように、119ページで紹介した「ステップを踏んで文章を書く」という手順とほとんど同じと考えてもいいでしょう。

まず、話したい内容を、マップに描きます。そして、それを見ながら、話をする順番を決めて箇条書きにしていきます。これで、ストーリーができあがりました。完全な文章にしたくなるかもしれませんが、暗記したものをただ読み上げるだけだと、どうしても棒読みになりがちで、つまらないスピーチになってしまいます。

ですから、スピーチ原稿を作って練習したとしても、スピーチをするときにはいったんすべてを忘れることです。そして、初めて話をするときのように、原稿に視線を落とさないでスピーチをするのです。そうすれば、聞いている人の顔を見ながら、イキイキとしたスピーチができるでしょう。もし、スピーチのなかでこれだけは忘れてはいけない、という人の名前や固有名詞があれば、それは小さなメモ用紙に書いて、本番のときに持っていきましょう。これで安心して話せますね。

上手なスピーチの仕方を教えるときは、スピーチメモ（もしくは、原稿）の作成と繰り返しスピーチの練習をする大切さを伝えましょう。 準備万端にしておくことです。

まとめ

スピーチメモの作成と本番同様の練習を繰り返すことが大切

まとめ

認知スキルの教え方

記憶する

- 詰めこみ暗記ではなく、間隔をおいて覚えさせる
- 知っている知識と関連づける覚え方を教える
- 相手が視覚型か、聴覚型かによって教え方を変える

問題解決

- 「どうしてわからないんだ？」とは言わない
- 解き方のパターンを覚えさせて活用する

話す＆書く

- コーネル式ノートのとりかたをマスターさせる
- 文章を書くときは、小さなステップに分割させる
- 文章の「型」を教える
- スピーチはメモの作成と練習が大事

第 5 章

相手に理想的な態度を教えたいときは？

～ 態度スキルの教え方～

相手をやる気にさせることができたらうれしいですよね。本章では、相手の態度を好ましいものに変える「教える技術」を紹介します。

やる気がない人に やる気を出させる 教え方って?

新製品の発表に向けて全国展開のプロジェクトチームを組むことになりました
リーダーは私 小林大輔が務めます
メンバーは…
ちょっとすごいじゃん
入社してまだ半年なのに小林係長のチームに抜てきされるなんて!
え?
そうなの?
よろしくな大島

はぁ…
営業部
大島萌(22)
俺が新人の頃は大喜びしたけどな…
なんてヤル気のない返事…
カッチ
ではお先に失礼します
ぎょっ
ちょっと大島まだみんな仕事してるだろ
周りを見ろ
私の仕事はもう全部終わりました
じゃあ他の仕事を手伝ってくれるか?
それは残業命令ですか?

おさえろ
俺よ
まだ若い
女子社員
だからな
いや…
あのさ
なるべく
やんわりと
注意しよう
大事な
プロジェクトを
みんなで成功
させようって
ときなんだ
俺が若い頃は
率先して
最後まで残って
仕事したぞ
でも私は
小林係長とは
違いますから
スタ
スタ
翌日
ぽ
ふぁ〜
おい大島
暇だったら
コピー機の
紙詰まり
直しといて
くれよ
え…
私機械に
弱いので
わからないです
じゃあ今
覚えるいい
機会だろ
でも
苦手な人が
やっても
時間ばかり
かかって
効率悪いと
思うんですけど

おまえが効率を語るのか
イラ
イラ
イラ
イラ
いっつものろのろ亀作業のくせに
口ごたえだけはいっちょ前にしやがって
大体
頼んでた資料はできてるのか？
今やろうと思っていたところです
今…？
今っていつだよ!? やるならすぐにちゃっちゃとやれよ!!
遅くなればそれだけ全体の流れにも影響するってわからないのか？
私には私のペースがありますから
自分のペースで精一杯やってるつもりです
おまえのペースは自分が定時に帰るためのものだろ!!
ちょっとは他の人のことや会社のことを考えて
みんなのために貢献しろ!!

どうしちゃったの
小林君
せっかく“教える技術”でうまくいってたのに
つい感情的になっちゃって
大爆発
ズーン…
そのせいでプロジェクト内の空気も悪くなってきてます
イラついたりピリピリしてる
でもどうしてもあいつの態度と仕事への姿勢が許せなくて
イライラしっぱなしです…
頭ではダメだってわかってるのに
なるほどね
ちょっと向後先生に相談してみようか
早稲田大学
おーい
小林君
部下を怒ってはいけないって思ってるのに
感情を抑えられず
つい怒ってしまうんです
相談1
感情コントロール

自分ではどうして部下を怒ったと思ってるかな？
怒った目的は？
目的…は
部下のためです
立派な社員になってほしくて
立派な社員になるために怒ることは必ずしも必要じゃないよね
それはそうですが
彼女はいつもマイペースで
働く意欲も低いんです
定時に帰る
言われたことしかしない
だからやることなすこと
ことごとくこちらの期待を裏切っている
気が利かない
仕事のろい
期待？
それは誰の期待なのかな？

もちろん僕です
もっとやる気を持って頑張ってほしいって思うから
それを部下に伝えたのかな?
え?…… いいえ
だったら小林君の頭のなかだけで期待して
それが裏切られたから怒ってしまっているということだよね
怒りはいつでも自分の期待と違うことが現実に起きたとき湧いてくる感情なんだよね
期待
○○であってほしい
現実
私は○○ではありません
怒り
なんで○○じゃないんだ!!
た…
確かに

だから
怒りが湧いて
きたら
〝私の期待は
何だったん
だろう?〟
と考えて
ください
小林君の
期待が
高すぎたのかも
しれないし
そもそも
部下はあなたから
どう期待されて
いるかを知りません
今度
それとなく
大島さんに
伝えて
みたら?
それは
いいね
はいっ
やってみます!
でもいくら
僕が怒りと
期待を
理解して
実践しても
大島自身が
変わらないことには
どうにもならないと
思うんですよね
相談2
行動コントロール
大島は
仕事に対して
積極性が
ないし
嫌々やってるから
ミスも多い
プロジェクト会議
でも発言しないし
アイデアも出さない

←169ページへ続く

態度スキルってなんだろう？

マンガに登場するやる気のない新入社員、大島萌さんのエピソードのように、やる気のない人のモチベーションを上げるのは大変です。しかし、教える技術を習得すると、相手のやる気を上げることもできるのです。

この章でお伝えする最後の技術は「態度スキル」です。態度スキルとは、運動スキルや認知スキルのように、何かができるようになるスキルではありません。

たとえば、タッチタイピング（運動スキル）ができるようになったり、エクセルの関数（認知スキル）が使いこなせるようになったりするためには、まずそれをマスターしようという決心が必要です。そしてその決心を持続して、練習することを続けることが必要です。途中で嫌になったり、飽きてしまったときに、自分の感情をコントロールして練習を再開することも必要です。

つまり**態度スキルというのは、自分が決心し、その決心を継続し、嫌になったときはなんとかして軌道修正するというようなスキル**です。

よく「やる気が出ない」とか「やればできるのに、なかなか手がつけられない」と言って、物事を後回しにしてしまうことがあります（私もそうです！）。

やり始めてしまえば、なんとかなることはわかっているのですから、問題は、自分自身が「よし、始めよう！」と決心できるかどうかなのです。このように何かを決心して始めることは、態度スキルのひとつです。

また「始めてみたものの、なかなか上達しないので嫌気がさしてきた」と言ってやめてしまう場合もあります。その一方で粘り強く何かを続けていける人もいます。このように自分をコントロールして、継続することも態度スキルのひとつです。態度スキルは、運動スキルと認知スキルを使う自分自身をコントロールするスキルなのです。

まとめ

▼ **自分自身の気持ちをコントロールできるようになるのが、態度スキル**

葛藤状態から抜け出し前進するためには？

態度スキルは、自分自身をコントロールするスキルです。自分自身をコントロールできるので、すでに備わっている運動スキルと認知スキルを使うことができます。そしてさらに習熟して上達することができるのです。

練習すれば少しでも上達することは当たり前のこととして知っています。ですので、問題は自分で練習をする気持ちになるかどうかです。もし練習が面倒なものであれば、「今はやりたくない」という気持ちが起こるでしょう。

「今はやりたくない」という気持ちや感情は本当のことです。実際にそのように感じるのですから。

しかし、その一方で、「長い目で見れば、今これをやっておかないとあとで困ることになる」という気持ちもあるのです。

「今はやりたくない」という気持ちと「今やらないとあとで困るだろう」という対立する２つの気持ちはぶつかりあいます。

このぶつかりあった状態を「葛藤《かっとう》」と呼びます。こうした葛藤状態は生活や仕事のなかでときどき起こります。そして「悩む」という状態になります。

しかし、悩んでいる限り、前には進めません。今はそれを避けて代わりに他の楽しいことをするという決断もできませんし、また気が進まないけれどもやるべきことに手をつけるという決断もできません。ただ悩んでいるだけで時間が過ぎていきます。

このような**葛藤状態**におちいったときに、ただ悩んでいるのではなく、少しでも手をつけるのか、あるいは今はあきらめて他のことをするのか、という決断をできるかどうかが**態度スキル**なのです。

まとめ

▼態度スキルを身につければ、葛藤が起こったときに決断できる人になる

態度スキルはトレーニングで身につく

態度スキルは自分自身をコントロールするスキルと言いましたが、具体的には、自分の行動をコントロールすることと自分の感情をコントロールするスキルです。

自分の行動をコントロールすることによって、嫌なことでも、面倒なことでも、手をつけることができます。手をつけたらそれを続けることができます。続けることができたらそれを習慣にすることができます。こうして良い習慣が身につきます。

また、**自分の感情をコントロールすることによって、良い人間関係を作ることができます。**たとえば、ちょっと気にさわることを言われてすぐに怒り出す人もいれば、自分の思いどおりにならないからといってイライラする人もいます。

このあとで説明しますが、そうした感情は、自分に何かを知らせてくれます。感情がわいてくるのは自分にとって意味があることなのです。

しかし、そうしたネガティブな感情をいつまでも引きずると、しだいに人間関係が悪くなっていきます。たった1回のケンカで完全に人間関係が壊れてしまう場合もあります。ですので、感情はなんらかの知らせを受け取ったものとして、そこから何を学ぶかが重要なのです。

では、自分の行動と感情をコントロールする態度スキルはもともと備わったものなのでしょうか。請け負った仕事を締め切り前には余裕を持って終わらせている人もいれば、締め切り間際に焦る人もいますし、いつも穏やかでやさしい人がいる一方で、いつも何かに怒って、イライラしている人もいます。

こうした特徴は、その人にもともと備わっているものなのでしょうか。

いいえ、そんなことはありません。その人特有の特徴もまた、その人が学習によって獲得してきたものです。ということは、トレーニング次第で身につくということです。

まとめ

▼態度スキルはもともと備わっているものではない

「やる気」は使えば減る

自分の行動をコントロールする態度スキルから考えていきましょう。あなたは面倒なことだけど、やらなければいけないことをするときにどうしますか。

「えいっ!」と自分に号令をかけて「やる気」を出す!?

そうですね。面倒なことであればあるほど自分のやる気を奮い立たせる必要があります。あるいは、やらなければいけないことから逃げようとして、別のことをすることを「我慢」する必要があります。

こうした「やる気」や「我慢」は自分の行動をコントロールするために必要です。ここでは「意志力」という名前をつけておきましょう。まさに意志の力です。意志力によって私たちは自分の行動をコントロールしているのです。

さて、この意志力は目に見えません。しかし、使えば減るものだということが心理学の研究によって明らかになっています。**意志力は筋肉と似ていて、使うと疲れる**のです。

意志力は使うと次第に減っていきます。しかし、睡眠をとると回復します。ですから、私たちは朝起きたときに、意志力が満タンの状態になっています。そのあと、さまざまな活動をすると意志力はだんだんと減っていきます。

何かを決心するたびに、また何かを我慢するたびに少しずつ減っていきます。そして夜寝る前が一番意志力が減った状態になります。このときにお菓子を食べ始めたり、お酒を飲んだり、ゲームを始めたりすると止まらなくなりますね。それは「もうやめよう」という意志力がほとんどなくなっているからです。

これからわかることは、**意志力はそうしばしば使うことはできない**ということです。やる気さえ出せば、どんな困難なことでも乗り越えられると信じることは自由です。しかし、現実には使える意志力には限界があるのです。

まとめ

▼**夜寝る前は、意志力がもっとも下がっているとき**

意志力を節約する方法とは？

意志力は筋肉と同じように、使えば疲れ、限界があることがわかりました。ですから、いざというときのために大切に使わなければなりません。

いつでも「やるぞ！　頑張ろう」と言っている人は掛け声ばかりで、実行がともなっていません。なお悪いことに、掛け声をかけるとなんとなくやったような気になってしまうのです。それでますます行動できなくなってしまいます。

では、どうすればいいでしょうか？　それは、なるべく意志力を使わなくても行動できるように自分をトレーニングすることです。具体的には、**やるべきことを習慣にしてしまう**ことです。これを**「行動の習慣化」**と呼びましょう。

習慣化するとどうなるでしょうか。意志力を減らさずにやるべき行動ができるようになります。「よし、頑張ろう」と言わなくても、自動的に行動することができるようになります。それが習慣化ということです。

習慣化すると「やろうかな、それともあとにしようかな」と考える必要がなくなります。そうなると自分のエネルギーすべてをやるべきことに注ぐことができます。「どうしようかな」と迷っている間は、時間が無駄になるばかりか、意志力も同時にすり減らしています。結果、手をつけられなくなってしまいます。

ですから、やるべきことは習慣化してしまえばいいのです。とはいっても、それが難しいのですね。習慣になってしまえばいいのですが、習慣になるまでが大変なのです。それが、自分をトレーニングするということです。

何かやるべきことを習慣化するためには、それが習慣になるまでに少しの意志力が必要です。**意志力を無駄にせずに、習慣化するために使いましょう。**

次に、その具体的な方法を考えていきましょう。

まとめ

▼習慣化するためには、少しの意志力が必要

意志力を鍛え習慣化するための3ステップ

やるべきことを習慣化すれば、意志力を使わずに進めていくことができます。その結果、短い時間でなしとげることができ、効率が良くなります。パフォーマンスの高い人たちは習慣化することによって、ルーチンワークのように仕事を進めているのです。

ではどのようにすれば習慣化できるでしょうか。それは次の3つのステップにまとめられます。

(1) 段取りとペース配分を計画する

(2) 逐一記録し、無理があれば計画を修正する

(3) ふりかえりをして、次の機会のためにまとめておく

最初に、段取りとペース配分を計画します。

ポイントは大きなゴールを細分化することです。ゴールに行きつくためにどのような課題があるのかを書き出していきます。そして、それを長くても1時間以内でできるような作業に分割し、カレンダーやスケジュール帳に割り付けていきます。

その際、一度に全部を片付けてしまおうと思わないこと。その作業が何時間もかかるものであれば、手をつけるのが怖くなり、先延ばししてしまうからです。

ですから、長くても1時間で終わるような内容にします。そうしておけば、楽に始めることができます。楽に始められれば、意志力は減りません。

2番目に、やり終えたことは逐一記録しておきます。

カレンダーやスケジュール帳に書いておいた作業項目をマーカーで塗りつぶしていくのもいいでしょう。**項目を塗りつぶすこと自体が楽しみになれば、習慣化されたということ**です。

進めながら、計画の実施が遅れ気味になってきたとすれば、それは計画を修正したほうがいいという印です。ためらわずに計画を練り直しましょう。

こんなふうにして、計画したことは全部やりとげることができるのです。

最後に、ふりかえりをしておきましょう。

ふりかえりをするのは、また次同じような仕事をするときに気をつけるところをまとめておくためです。


このように「計画とペース配分／実行と記録／ふりかえりとまとめ」をひと通り回せばひとつのまとまった仕事を完成させることができます。

そして、このサイクルを意識することなく回せるようになれば、それが習慣化したということです。

意志力は、計画通りにサイクルを回すために使うのではなく、仕事における重要な決断のときに使うようにすれば、仕事全体の質が上がっていくでしょう。

まとめ

▼ **意志力は、仕事における決断の場面で使う**

感情をコントロールするスキルとは？

ここまで、態度スキルのひとつ目として、自分の行動をコントロールするスキルについて説明してきました。もうひとつの態度スキルは、自分の感情をコントロールするスキルです。

人間は感情の生き物です。私たちは感情を持っているので「生きている」という感じを持つことができます。楽しい感情やワクワクする感情などのポジティブな感情は、私たちに幸せを感じさせてくれます。

その一方で、いつでもイライラしている人もいますし、ときどき怒りで爆発する人もいます。**怒りや悲しみといったネガティブな感情とどのようにつきあっていくかは、日々の生活や仕事をする上で重要なスキル**と言えます。

どんな人でも、ついイライラしたり、たまに怒ってしまったりすることがあると思います。それは自然なことです。しかし、怒りを爆発させてしまうと、それがきっかけで人間関係は簡単に壊れてしまうことにもなります。また普段からあまりにも怒りっぽい人は、周りの人たちから遠ざけられてしまうでしょう。

ポジティブ感情と同様にネガティブ感情がわいてくることは、人間として自然なことです。

ただし、**ネガティブ感情に支配されてしまうと、さまざまな問題が起こります。**怒りの爆発は人間関係を壊しますし、悲しみを引きずっていると元気が出てきません。そこで、自分の感情とうまくつきあっていくスキルが必要になってきます。

感情がわいてくるのは自然なことですが、その感情に自分が支配されるのではなく、感情をうまくコントロールするスキルが必要なのです。

まとめ

▼**感情に支配されないスキルを身につける**

ネガティブ感情が教えてくれる大切なこと

怒りやイライラなどのネガティブ感情は、それを引きずるとさまざまな問題を引き起こす可能性があります。そうならないために、怒りをコントロールする方法も考えられています。それは、アンガーマネジメントと呼ばれる手法です。

このような手法が考えだされているということは、逆に言えば、怒りをコントロールすることが難しいということの表れなのでしょう。

さて、このようにコントロールしにくいネガティブ感情は役に立たなくて意味のないものなのでしょうか。もしそうだとすると、人類が長い間それを持ち続けている理由が立ちません。

じつは、**ネガティブ感情は役に立ちます。**それは「そこに問題がある」ということを私たちに知らせてくれるものなのです。そこに問題があるということに気がつけば、私たちはそれを解決しようとして、注意力をそこに集中することができます。

つまり、**怒りやイライラといった感情は、そこに問題があるので解決したほうがいいですよということを私たちに教えてくれている**のです。

私たちは常に「このようになったらいいな」「ぜひこうなってほしい」という期待やイメージを持っています。しかし、いつでもそうなるとは限りません。むしろ自分の期待を裏切るような事態になってしまうことのほうが多いかもしれません。

自分の期待を裏切るようなことが起こると、ネガティブな感情が湧いてきます。それは怒りだったり、悲しみだったり、イライラだったりします。

ネガティブ感情は「今まさに自分の期待を裏切る事態が起きている」ということを自分自身に知らせてくれているのです。つまり、危険信号を送って、なんとかしなくてはいけないということを知らせているのです。これがネガティブ感情の役割です。

まとめ

自分の期待を裏切ることが起きているときに、ネガティブ感情が起こる

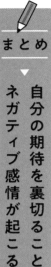

ネガティブ感情とうまくつきあう練習法

ネガティブ感情は危険信号を送ってくれるという意味で必要なものであるということがわかりました。まずいのは、それをいつまでも引きずることです。

では、ネガティブ感情とどのようにつきあえばいいのでしょうか。これが行動のコントロールと並ぶ、もうひとつの態度スキルの訓練です。

まず、**悲しみや怒りやイライラなどのネガティブ感情が起こったら、自分を責めずにその感情のままにしましょう。**そして静まるまで待ちます。

怒りのあまり、相手を怒鳴ってしまうこともあるでしょう。それは仕方ありません。しかし、相手を深追いするのは避けましょう。深追いすると相手との関係を永遠に壊してしまうかもしれません。

少し気持ちが落ち着いたら、このネガティブ感情が何を知らせているのかを考えましょう。考えられるようになれば、もうあなたは感情に支配されていません。感情に支配されている間は考えることはできません。考えられるようになったら、感情をコントロールできているということです。

簡単に言えば、**感情のコントロールとは感情から思考に切り替えること**です。感情をそのまま受け取ったあとは、考えることにスイッチします。それがスムーズにできるようにする練習をしましょう。

考えられるようになったら、何が問題でネガティブ感情が起こったのかを特定しましょう。自分がこうあってほしいと抱いていた期待が完全に裏切られたからなのか。相手はこのように行動するべきだと考えていたことが完全に裏切られたからなのか。

ネガティブ感情が起こるところには、必ず自分の期待や予想していたことが裏切られているはずです。それを危険として知らせるためにネガティブ感情が発動されたのです。

まとめ

▼ 感情を受け取ったあとは、なぜネガティブ感情がわいたのかを考える

自分の期待を伝えて相手とビジョンを共有する

ネガティブ感情は自分の期待が裏切られたときに、それを知らせてくれるものだということがわかりました。では、そのあとはどのように対応したらいいのでしょうか。

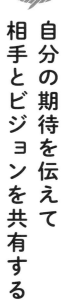

ネガティブ感情にはたいていの場合、相手がいます。自分が不当に評価されたというのであれば、評価した相手がいます。自分が期待したとおりの働きをしてくれなかったというのであれば、その相手がいます。このように、相手の行動が自分の期待を裏切っているときにネガティブ感情が起動します。

とすれば一番良い解決方法は、相手と話してみるということです。相手と話をする目的は、相手を非難することでもなく、相手を励ますことでもありません。自分の「こうあってほしい」というイメージを共有することです。

自分の「こうあってほしい」という期待を相手が裏切ったので、怒りやイライラというネガティブ感情が起動したのですから、それを相手に伝えることが解決の第一歩となります。そうすると相手は「そういうことを期待していたのですね。初めて知りました」と答えるかもしれません。または「その期待は私が考えていることと反対です」と言うかもしれません。いずれにしても、**自分の期待を話すことで相手とビジョンを共有することができます。**このように進めていけば、ネガティブ感情が起こったことをきっかけにして、相手との関係性を良い方向に持っていくことができます。

これこそが、ネガティブ感情の正しい使い方なのです。実際にこのように自分の感情を扱うことができるようになることが、態度スキルということになります。

自分の感情をコントロールすることは、初めはなかなかできないかもしれません。それは当然のことです。これまでそう考えたこともなかったし、それを練習する機会もなかったからです。それを少しずつ練習していきましょう。

まとめ

▼「こうあってほしい」という期待を相手に話してみる

対話をしながら相手のなかにストーリーをつくる

行動スキルと感情スキルを教えることによって、相手の気持ちや態度を変え、望ましい方向に導いていく方法を話してきましたが、その望ましい方向、つまりどんなふうになってほしいというストーリーは、教える側がつくるわけではありません。相手がつくります。

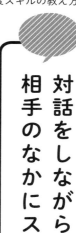

ただし、相手は「なぜ、それをやることが必要なのか？」「それをやるとどんないいことがあるのか」といった理由がわからない状態ですから、**教える人が相手に気づかせるようにお手伝いをしてあげる**のです。

たとえば、「もっと向上心を持ってほしい」と思っているなら、「向上心を持つ意味があるとしたら、それはどんなことなのか？」「いろいろな物事に興味がわくことかな？」「興味が広がるとどんないいことがある？」「アイデアがわいてきて、やってみたいことも増えて、仕事も楽しくなるよ」こんな会話をしていきます。

こうして会話を通して、相手のなかに「向上心を持つようになると、可能性が広がるぞ」といったようなストーリーをつくるように手助けするのです。


他にも、こんなふうに使えます。

会社での一場面。後輩が有給を取ったとき、仕事を代わってくれた人にお礼を言ったり、「休みます」とひと言声をかけたりすることをしなかったので、先輩のA子さんがそのことを後輩に注意しました。すると、「有給って当たり前の権利なのに、なんでそんなに気を遣わなきゃいけないんですか？」と逆に後輩から質問されてしまいました。

ここでお説教をしてはいけません。後輩の意見はある意味正論ですし、かえって、溝が深まって信頼関係が崩れるかもしれません。

このような場合も、後輩のなかに「なぜお礼を言ったり、ひと声かけることが大切なのか」といったストーリーをつくってみるのです。たとえば、こんな感じです。

「〇〇さん（後輩）にとって、職場で一緒に働く同僚ってどんなイメージかな？」

「みんな有能ですよ。それぞれにバリバリ仕事をしている感じです」

「一人ひとりはそんなイメージなんだね。チームとしてはどう？」

「一緒の舟に乗っている感じかな。共通の目標に向かってみんなで力を合わせて漕《こ》いでいるような」

「でも、メンバーはいつも最大の力で漕げるわけではないよね。ときどきは休まないといけない。そんなときはどうする？」

「もちろん休ませてあげます。いつも頑張っているんですから、休むべきです」

「その人が休んでいるときは、他のメンバーはどうしていると思う？」

「その人の分をカバーします。当然です」

「休んでいる人は、うれしいよね」

「うれしいですし、カバーしてくれる仲間にきっと感謝すると思います」

「感謝する。それが仲間だよね」

まとめ

▼ 教える人は教える相手のストーリーづくりのお手伝いをする

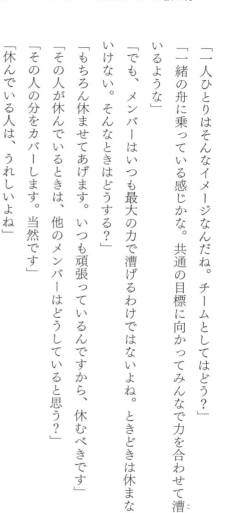

答えは相手のなかにある

対話をしながら相手のなかにストーリーをつくる、と言いましたが、それは相手にストーリーを押しつけるということではありません。

そのストーリーはすでに相手のなかにあるのです。ですから、教える人は、実際には教えるという行為はしません。

教えるのではなく、相手のなかにあるストーリーを聞き出せばいいのです。そのために質問をしていくのです。

職場でチームワークがうまくとれずに孤立している社員には、「あなたにとって、職場で一緒に働くってどんなイメージ？」という質問で始めてみましょう。

ホスピタリティがなぜ大切なのかがわからない社員には、「あなたが、お店を選ぶポイントはどんなこと？　何度も行きたくなるお店と、一度行ったらそれきり行かなくな

る お店の違いはどこにあると思う？」という質問で始めてみましょう。
こうした質問は、ただ尋ねているだけですから、命令や指示ではありません。ですから、相手は抵抗することなく答えてくれるでしょう。

一度、答えを考え始めると、ストーリーがどんどん明確になってきます。「ああ、自分はこんなふうに考えていたんだ」ということを自分で発見してびっくりするかもしれません。

つまり、ストーリーはすでに相手のなかにあるのです！
話しながら質問に答えていくうちに、ストーリーが現れてくるのです。ですから、**教える人の仕事は、そのストーリーを引き出すということに徹しましょう。**
それ以外のことは何もしなくていいのです。

まとめ

▼ **答えを引き出すような質問をすると、ストーリーが見えてくる**

ときどきしか会えない相手のやる気を引き出すには？

会社のように、毎日顔を合わせる相手なら、日々少しずつ信頼関係を積み重ねていくことで、態度スキルを身につけさせることができます。

では、ときどきしか会えない相手に、今すぐやる気を出してもらいたいときはどうしたらいいでしょうか？

たとえば、塾に来ている子どもたちのやる気をアップさせるような指導をしたいときにはどうしたらいいでしょうか？

また、アルバイトのモチベーションを高めて、アルバイトを長く継続してもらいたいときにはどうしたらいいでしょうか？

そんなときには、「相手の強み」を探すことです。

塾に来ている子どもであれば、それぞれに強みがあります。計算が速い子、字がきれいな子、歴史に詳しい子、星のことをよく知っている子、虫のことをよく知っている子、積極的に発言する子、めったに発言しないけれどよく考えている子、周りにわからない人がいたら教えてあげようとする子……。

こんなふうに、どんな子でも何かしら「強み」を持っています。しかし、その強みは自分では気づきにくいのです。自分では当たり前のことだと思っているからです。ですから、**教える人がその子の強みを探して言ってあげましょう。**

あなたといると
楽しい話が
聞けるから
笑顔になるわ
本当？
うれしい!!
もっと
頑張るわ!!
モチベーションアップ!!

アルバイトのモチベーションを高めたいときにも、「相手の強み」を探してあげます。

作業をできるだけ速く正確にやろうと努力する人、仲間が忙しそうなときにすぐに手伝う人、おっとりとした物腰で周りの雰囲気を和やかにする人、いつも楽しいギャグを披露してくれる人……。

こんなふうにその人の強みを言ってあげます。自分のいいところを認めてもらえたら、誰だってうれしくなりますよね。**強みを言葉にしてもらったほうが、「やる気を出せ!」というセリフよりも、もっとたくさんのやる気を出してくれるでしょう。**

やる気を出す、モチベーションを上げる、ということは態度スキルのひとつです。**最終的には、「自分で自分のやる気を出すスキル」を獲得することが、態度スキルのゴール**でもあるのです。

そのためには、どういうときにどういうことをすれば、自分のやる気が出るのかということを、体験しなければなりません。

自分の強みを認識することは、やる気を出すためのいい方法です。でもそれは、なかなか気づくことができないので、それを教える人がしてあげるのです。

まとめ

▼人は強みをたくさん言われると、モチベーションが上がる

コーチングスキルを使えば相手の態度が変わる

「相手と一緒にストーリーをつくり出す」「答えは相手のなかにある」「相手の強みを探す」といった技術を説明してきました。

これらは何か決まったことを決まった順序に教えていくということではありません。

「相手が自分で学ぶことを助ける」ということです。

このことを「コーチング」と呼びます。態度スキルを教えるためには、コーチングの方法を使います。それは「態度スキル」というものを直接教えるのではなく、相手が「自分の態度をどのようにして決めていけばいいか」ということをスムーズに気づけるように手助けするということです。

しかし、「自分で自分の態度を決めてください」と言うだけではうまくいきません。

自分の態度を決めることが上手にできるようになるためには、実際に自分の態度を決めていくという行為を何度もやってみることが必要です。そしてそれを手助けするのがコーチングです。

コーチングをするときには、次の４つのポイントの頭文字をとった「ＧＲＯＷモデル」というものがよく使われます。

この４つのポイントに絞って、相手と話し合っていくと、自然に相手は自分の態度を決めていくようになるのです。

ゴール（Goal）／達成したい目標を再確認して、明確に設定する
現実（Reality）／目標に対する現在の状況はどうなっているかをチェックする
選択肢（Options）／現在の状況から目標に近づくための選択肢や行動案を決める
意志（What, When, Who, Will）／何をいつ誰がするのかを決め、実行する意志を持つ

では、具体的にどう教えていけばいいのかというと、この４つを順番に質問していけばいいのです。

ここでひとつ例をあげてみましょう。会社の後輩に、家で自炊をして、きちんと食べることがいかに大切なのかをコーチングしてみることにします。

ポイントは、家で自炊をして食べることが大切であることは後輩も十分わかっているので、それを実行に移すためにどのようにして決心してもらうかというところです。

後輩　「いや、自炊したほうがいいっていうのはわかっているんですけどね」

あなた　「外食ばかりでは健康にも良くないよね。最終的にはどれくらい自炊できればいいと思ってるの？」

後輩　「完全に自炊っていうのは無理だとして、半分は自炊にしたいですね」**【ゴールの設定をしてくれました】**

あなた　「今はどれくらい自炊しているのかな？」

後輩　「いやぁ～、まったくしていません。ガスコンロを使うのもカップラーメンのお湯を沸かすだけ」**【現在の状況をチェックしました】**

あなた　「じゃあ、半分は自炊するという目標に近づくために、まずどんなことをすればいいと思う？」

後輩「そうですね。週一回のノー残業デーのとき、その日は食材を買って、何かを作るくらいならできるかな？」**【行動案を決めてくれました】**

あなた「いいね。じゃあ、最初の日はいつにする？」

後輩「来週の水曜日にします。その日は買い物して、何か作ってみます！」**【意志を確認しました】**

こんなふうに、**「ゴール設定」→「現実チェック」→「ゴールに近づくための選択肢を出したり行動や方法の決定」→「意志確認」の順で質問をするだけ**でＯＫです！

とても簡単ですね。

ぜひ、試してみてください。

このあとは、マンガの後編を読んで、態度スキルの復習をしてくださいね。

まとめ

▼ GROWモデルを会話に取り入れて「決心」させる

←135ページからの続き

じゃあ どうすれば 大島はやる気に なるのでしょうか…
そもそも “やる気”とか “意志力”は 筋肉と同じで 使えば疲れ るんだよ
24時間 やる気満々な 人などいないから（笑）
疲れた…
ヤル気
なので やる気任せに するのではなく
少しずつ 自己コントロールの 力をつけて もらうんだよ
自分で決めて
○○を やろう！
自分で計画を立て
×月×日 までに
〜と 〜をして
自分で実行していく
よし やるぞっ
自己コントロール とは 「自分で決めて 自分で計画を立て 自分で実行していく」 というサイクル

そういえば あいつには「これをやって」と言うだけで 自分で決めさせてなかったな
ただ 自分で計画を立てさせるにも 納期があるし
納期は動かせないけど
そこまでの段取りのペースを決めてもらうことはできるんじゃない？
なるほど
あいつの段取りとペースを聞いておけば
イライラすることは減るかもしれない…
いついつまでに これとこれをします
そういうところを少しずつ部下に任せていくことによって部下が自己コントロールの力をつけていくことができます
今日はここまでやって 明日はこれとこれをやって
そして ワンサイクル終わったりプロジェクトが終了したら
特に良かったところ うまくいったところ 成長したところを
振り返ってもらってください

できれば小林君も一緒にそれを聞いてあげましょう
僕もですか!?
目標
Step3
Step2
Step1
次はこうしてみたら？
はいっ！
はい
そうすることで共有するビジョンやゴールを見つけられるので
部下も自分のやっている仕事の意味を見出すでしょう
そうすればお互いの信頼感もぐっと高まるよ
わかりましたやってみます！
ぼー
あいつまたサボってんな
会議中座ってるだけ
あっ俺今怒りがわいてる…自分の期待と違うことが起こってるんだな
俺はあいつに何を期待してたんだろう？
はっ

大島
何か意見
ないか？
えっ
このプロジェクト
では若い感性が
重要なんだ
大島の意見も
参考にしたいから
どんどん発言
してほしい
大島
今月末までの
進行スケジュール
紙に書いて
くれたか？
あ
はい
うん
うん
俺と
テンポは
違うけど
あいつなりに
ちゃんと納期までの
スケジュールを
立ててるんだな

どうしたんですか
係長が私を飲みに誘うなんて
プロジェクトはまだ終わってないけど現時点までのおまえの仕事についてふりかえりをしようと思ってな
ええっ!?
私急用を思い出したんで
オイ待てコラ
コホン
うれしいよ
おまえ最近仕事頑張ってるな
ミスは減ったし
仕事のスピードも速くなったし
あくびも減った
マイペースなりに
おかげで俺もすごく助かってるよ
会議でも発言が増えてきたし
パワポも使えるようになったし
成長したよな〜

んっ？
どうした？
まさか係長に…そんなふうに言ってもらえるなんて思ってなかったから…
これからもよろしく頼むぞ
おまえに期待してるからな
はっ
はい!!
うんっ
教えることを学ぶってすばらしい！
わー
係長ー
ひしっっ
良かったね小林君☆

まとめ

態度スキルの教え方

- 態度スキルとは、自分の気持ちをコントロールできるようになること。
- 意志力を無駄に使わない。
- やるべきことを習慣化する。
- 「計画とペース配分」「実行と記録」「ふりかえりとまとめ」で習慣化できる。
- ネガティブ感情は、自分の期待を裏切ることが起きているときにわき出る。
- その感情は、何を教えてくれているのかを考える。
- 教える側は教える相手に、自分が期待していることを言葉にする。
- 対話によって相手に気づかせ、ストーリーをつくる。
- 相手のストーリーは、質問で引き出す。
- 相手の強みをたくさん言葉にする。
- 「ゴール設定」→「現実チェック」→「ゴールに近づくための選択肢を出すなど行動や方法の決定」→「意志確認」の順で、相手に決心させる。

第6章

教えることであなた自身が成長する

教える技術を身につけると、相手に喜ばれるだけでなく、自分も成長していきます。どんな成長ができるのか、教える技術の素晴らしさを確認してください！

「教える技術」は必ず3つのどれかに当てはまる

ここまで「身体で覚える運動スキル」「頭で考える認知スキル」「心で決断する態度スキル」の教え方をお話ししてきましたが、相手に何か教えたいことがあるとき、それは必ず、運動スキル・認知スキル・態度スキルのどれかに当てはまります。

あるいは、この3つを組み合わせたものです。

ですから、教えたいことがどのスキルに当てはまるのかを判断して、それぞれの教え方のポイントにしたがって教えていけば、必ずうまく教えることができます（教え方のポイントは、運動スキル84ページ、認知スキル126ページ、態度スキル176ページを参照してください）。

最終的には、あなたが教えようと思うことはこのうちのひとつだけではなく、3つのすべてになるでしょう。

どのようなことかというと、たとえば新人に企画のプレゼンを教える場合、原稿を書くためのタッチタイピングや話し方の口癖を直すのは「運動スキル」に当たります。

その後に必要な、企画書の構成やグラフの作り方などの知識は「認知スキル」となります。

最後に、企画書作成までの計画を立てて、それをひとつひとつ進めていくために自分をコントロールするのは「態度スキル」にあたります。

つまり、**どんな人でも身体（運動スキル）、知識（認知スキル）、意志（態度スキル）のバランスが大切**なのです。

ですから、教える側のあなたはこの3つのスキルの教え方を習熟しておく必要があるのです。

まとめ

▼ **運動・認知・態度スキルは、人生においてどれも必要なスキル**

教えることは自分も深く学ぶということ

「誰かに教えているうちに、自分のなかで知識が整理されて、前よりも深く理解するようになった」と感じることはありませんか？

そうなんです！

教えるためには、自分がよくわかっていることが必要です。消化しきれていない、生半可な知識ではうまく教えることができません。

ですから、教えることで、自分の知識をもう一度点検しているのですね。そうすると、生半可だった知識がきれいに整理されて、もう一段深く理解することになるのです。

教えることは手間もかかりますし面倒なことかもしれませんが、教えている途中で、まったく新しいアイデアが浮かぶかもしれません。どのように教えたら、相手が早く、簡単にわかってくれるだろうかなどと、教え方を工夫することもあるでしょう。

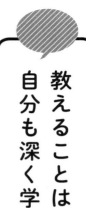

このように考えると、教えることとは、じつはとてもクリエイティブな仕事です。**教えるという仕事をすることで、自分のためにもなっているのですね。しかも、相手から感謝される素敵な仕事なのです。**

教えることが苦手だった人も、もし誰かに教えるというチャンスがあったら、面倒がらずに引き受けてみませんか？　新人にファイリングの方法を教える、職場の後輩に情報共有の大切さを教える、子どもに公共のマナーを教える、夫に料理を教えるなど。

教えるという仕事をクリエイティブなものとしてとらえれば、いろいろな工夫をしてみたくなります。ときには「この人には別の教え方をしてみたらうまくいった」というようなことを発見したりして、教える楽しさを感じるかもしれません。

そして、そうした努力をしながら、自分自身が教える内容について深く学んでいることにもなるのです。

まとめ

▼ **教えることは、とてもクリエイティブな仕事である**

教えることで新しい学び方を発見できる

あなたはこの本で教え方の基本的な技術を学びました。あとはそれを実行に移すだけです。教え方の技術を使えるようになれば、教える仕事がクリエイティブで、楽しいものだということがわかるようになるでしょう。

そして、いろいろな教え方を試すことによって、どんな人にはどんな教え方が最適なのかということを学ぶことができます。

たとえば、ある人には写真やビデオなど視覚に訴える材料が効果的だけど、別の人には話をしながら教える聴覚的な方法が効果的だったりします。また、ある人には手を動かす実習が効果的だけど、別の人には理論的な説明が効果的だったりします。

このようにいろいろな教え方を試すことによって、自分がよく使う好きな教え方があるということにも気づくでしょう。

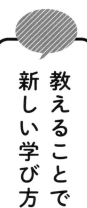

それはあなた自身の個性です。自分が好きな教え方というものは、自分が何かを学んでいるときに好んで使う方法なのです。

しかし、相手に合わせた教え方を試すために、普段自分が使わない教え方も使う必要があります。それは、自分にとっては不慣れな方法を使うという意味で、ちょっと面倒なことかもしれません。

でも、**普段自分が使わない方法を使うことで、意外にもそれがおもしろく効果的であることを発見するかもしれません。**

それは、実際にやってみなくてはわからないことです。

教えることには、自分に合った新しい学び方を発見することができるという、良い作用があるのです。

まとめ

▼さまざまな教え方を試すことで、新しい世界が広がる

上手に教えられるようになれば信頼される人になる

教えることによって、いいことがたくさんあることをお話ししましたが、なかでも一番いいことはなんだと思いますか？

それは、**「みんなから信頼されるようになる」**ことです。

イライラせず部下にうまく教えることができれば、部下から信頼されるようになるでしょう。それは、職場の士気を上げていくことにもつながり、仕事でいい結果を出すことにもつながります。

そうなのです！　上手に教えることができれば、いいことずくめなのです。

しかし、たいていの人は、教えることは面倒だと思っています。おそらく、うまく教えてもらったことがないからでしょう。そのため、「自力でやってこい。それがあなた自身のためだ」と言って放置するか、「オレの言う通りにやってみろ」と言って自分のやり方を押しつけたりするだけになるのです。

でも、もうあなたはうまく教える方法を知っています。あとは、それを実行に移すだけです。部下や後輩に教えることは、大切な仕事です。

それは、本業よりも大切な仕事だと言えます。なぜならば、**私たちが生きている意味は、自分の子どもたちや会社に新しく入ってくる人たちを育て、私たちが生きている社会をより良いものとして持続させること**だからです。

私たちが学んでいろいろなことができるようになるのは、それを若い人たちに伝えるためなのです。

教えることこそが一番大切な仕事です。だから、うまく教えることができる人は、みんなから信頼されるのです。仲間に貢献している人だからです。

まとめ

▼学んだことを若い人たちに教えることこそ、一番大切な仕事

教えたがりにならないこと

これで、あなたは教えるための技術の基本もわかり、また実際に教えることであなた自身とあなたの周りに良い変化が起こるということについてもわかったはずです。

でも「教えたがり屋」さんにはならないように気をつけてください。

教えるためには、相手が必要を感じていて、さらに本人が教えてもらうことに合意していることが前提条件です。相手が必要を感じていないのに教えることはできません。それでも教えようとするなら、それは単なる「押しつけ」です。

また、相手が教えてもらうことに合意していないときも教えることはできません。「このままじゃ必ず失敗するだろうな」と思われるときでも、合意していなければこちらから手を出すことはできません。

それでいいのです。失敗することで学ぶことのほうが多いのですから。何度も失敗してもらって、最後に「ちょっと教えてください」と言われたら、教えればいいのです。

世の中には、「教えたがり屋」の人もいるようです。でもそういう人は煙たい人です。それは、教えるという行為で、何か別のことを得ようとしているからかもしれません。たとえば、教えることで何か自分が偉い人であると感じたがっているのかもしれません。

しかし、教える人と教えられる人とは、常に対等の立場です。**教えられる人は、教えてもらうことで、新しい技術を身につける手助けを受けます。**そのことに対して、教えてくれる人に感謝することでしょう。

一方、教える人は、その人のお手伝いをすることでより深く学び、自分をさらに成長させることができます。そのことに対して、同じように教える相手に感謝するのです。

このようにお互いに、相手から何かを得ています。しかし、「教えたがり屋」さんは、一方通行です。そういう人にならないように注意してくださいね。

まとめ

▼教える人と教えられる人は、対等な立場でなければならない

「教える技術」をあなたからみんなに広めよう

教えているあなたを見て、周りの人はきっとこう言うでしょう。

「教え方が上手ですね！　いったいどういう工夫をしているのですか？」

そうしたら、この本で学んだ教え方のヒントをどんどん伝えてください。教え方を教えることで、自分の教え方をふりかえることになります。さらに良い教え方にするためのアイデアを思いつくかもしれません。

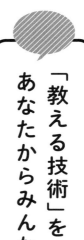

そして何より素晴らしいことは、あなたから教え方を教えられた人が、上手な教え方を身につけてくれることです。そんなふうにして、みんなが上手な教え方を身につけていったら、素晴らしい社会ができあがることでしょう。

料理の仕方がわからなければ、それを教えてくれる人がいる。算数がわからなければ、それを教えてくれる人がいる。仕事をてきぱきとこなすためのコツが知りたければ、それを教えてくれる人がいる。そして、上手な教え方が知りたければ、それを教えてくれる人がいる。そういう社会になるといいと思いませんか？

何かを学ぶことは楽しいことです。今までわからなかったことがわかるようになり、今までできなかったことができるようになれば、いつまでも若々しく楽しい人生を送ることができますね。

でも、**一人で学ぶことは難しいことです。途中で投げ出してしまうこともあるでしょう。そんなときに、手助けをしてくれる人がいれば、何倍も速く学ぶことができます。「教える」とはそういうことです。**

その人が学ぶことはその人自身の喜びです。そして、それを手助けすることは、教える人の喜びなのです。この喜びをみんなで分かち合いましょう。

まとめ

▼教えられる喜び、教える喜びを分かち合おう

おわりに

教えるという仕事は、直接何かを生産するというものではありません。しかし、会社や組織や共同体が、文化や伝統を発展させて、次の世代につなげていくためには必要不可欠な仕事です。

職場に「教え上手」な人たちがたくさんいれば、そこには強力なチームができるでしょう。チーム内で人を育て、その結果として生産性の高いチームができあがります。

教えることで人を育てる仕事は、やりがいを生み出します。教えること自体が喜びの源泉なのです。それを、この本を活用することで実感していただければと思います。

*

この本は、2018年に永岡書店から出版された『世界一わかりやすい教える技術』の内容をそのまま引き継いだものです。今回、版権を技術評論社に移すことを快諾していただいたことにとても感謝しています。

この本のルーツは、2012年出版の『いちばんやさしい教える技術』（永岡書店）です。もともとは子どもを持つ親に読まれることを想定して書いたこの本はロングセラーとなりました。それを職場やビジネスの場面で使えるように改訂したのが『世界一わかりやすい教える技術』です。この本には、私が考える「教える技術」の最も中心的な内容が込められています。それだけに思い入れの強い本です。

＊

この本を手に取っていただき、ありがとうございます。どうぞこの本の内容をマスターして「教え上手」な人になってください。それは生涯にわたって役立つスキルになるでしょう。

2020年10月　所沢にて　向後千春

向後 千春（こうご ちはる）

1958年生まれ。早稲田大学人間科学学術院教授。博士（教育学）（東京学芸大学）。専門は教育工学、教育心理学、アドラー心理学。

著書に『幸せな劣等感』（小学館新書、2017）、『18歳からの「大人の学び」基礎講座』（北大路書房、2016）、『人生の迷いが消える　アドラー心理学のススメ』『アドラー"実践"講義』（技術評論社、2016、2014）、『コミックでわかるアドラー心理学』（中経出版、2014）、『上手な教え方の教科書　入門インストラクショナルデザイン』（技術評論社、2015）、『教師のための教える技術』（明治図書出版、2014）、『統計学がわかる』『統計学がわかる【回帰分析・因子分析編】』（技術評論社、2007、2008）など。

●カバーデザイン　西岡裕二
●マンガ　羽生シオン
●本文デザイン・DTP　BUCH+
●編集協力　RIKA（チア・アップ）

世界一《せかいいち》わかりやすい 教《おし》える技術《ぎじゅつ》

2020年10月22日　初版　第1刷発行
2024年10月 3日　初版　第2刷発行

著　者　向後《こうご》 千春《ちはる》
発行者　片岡 巌
発行所　株式会社技術評論社
東京都新宿区市谷左内町21-13
電　話　03-3513-6150　販売促進部
03-3267-2270　書籍編集部
印刷／製本　港北メディアサービス株式会社

定価はカバーに表示してあります。

本の一部または全部を著作権の定める範囲を超え、無断で複写、複製、転載、テープ化、あるいはファイルに落とすことを禁じます。

©2020　向後千春、株式会社チア・アップ

造本には細心の注意を払っておりますが、万一、乱丁（ページの乱れ）や落丁（ページの抜け）がございましたら、小社販売促進部までお送りください。送料小社負担にてお取り替えいたします。

ISBN 978-4-297-11661-3 C0034
Printed in Japan

本書へのご意見、ご感想は、技術評論社ホームページ（https://gihyo.jp/）または以下の宛先へ、書面にてお受けしております。電話でのお問い合わせにはお答えいたしかねますので、あらかじめご了承ください。

〒162-0846
東京都新宿区市谷左内町21-13
株式会社技術評論社　書籍編集部
『世界一わかりやすい 教える技術』係
FAX：03-3267-2271